C.H.BECK WISSEN

in der Beck'schen Reihe

Der Buddhismus ist seit mehr als zweitausend Jahren eine der großen geistigen Bewegungen in den Kulturen Asiens und übt heute weltweit eine ungebrochene Faszination aus. Das Buch stellt den Buddhismus in seiner historischen Entwicklung und vielfältigen Auffächerung dar und endet mit der Aufnahme des Buddhismus in der westlichen Welt.

Helwig Schmidt-Glintzer, Direktor der Herzog August Bibliothek Wolfenbüttel und Professor an der Universität Göttingen, beschäftigt sich seit über drei Jahrzehnten mit dem Buddhismus und seiner Geschichte.

Helwig Schmidt-Glintzer

DER BUDDHISMUS

Verlag C. H. Beck

Die erste Auflage dieses Buches erschien 2005.

2., durchgesehene Auflage. 2007

Originalausgabe

Gesamtherstellung: Druckerei C. H. Beck, Nördlingen
Umschlagentwurf: Uwe Göbel, München
Printed in Germany
ISBN 978 3 406 50867 7

www.beck.de

Inhalt

Vorwort zur zweiten Auflage

Während das vorliegende Buch nach seinem ersten Erscheinen vor zwei Jahren nun im wesentlichen unverändert nochmals aufgelegt wird, gibt es Anlaß genug, ein ganz neues Vorwort voranzustellen. Die Präsenz des Buddhismus im Westen hat sich weiter intensiviert. Große Ausstellungen sind gezeigt worden, und die Überlieferung wichtiger Originaltexte des Buddhismus hat auch in den Sammlungen außerhalb Asiens eine zunehmende Beachtung gefunden. Aber auch in Asien selbst, nicht zuletzt in China erlebt der Buddhismus im Rahmen einer gewachsenen Aufmerksamkeit für Religionen neue Wertschätzung, und Zeugnisse buddhistischer Frömmigkeit aus den vergangenen eineinhalb Jahrtausenden werden restauriert und dokumentiert. Dies fällt besonders im Falle Chinas ins Auge, wo doch über Jahrzehnte Religionen und insbesondere die sogenannten «Fremdreligionen», zu denen dort der Buddhismus gerechnet wurde, eher geringgeschätzt wurden. Das hat sich grundlegend geändert, und in Verbindung damit wird der Buddhismus als ein integraler Teil der Religionsgeschichte Chinas und damit als ein Teil der chinesischen Kultur anerkannt.

Mit dieser Renaissance des Buddhismus innerhalb und außerhalb Asiens geht eine besondere Entwicklung einher, die auf das Bild vom Buddhismus und das buddhistische Selbstverständnis ihren Niederschlag haben werden. International vernetzte Lehr- und Forschungsarbeiten führen im Lichte veränderter Deutungshorizonte und neuer Lehrpraxis auch zu einem neuen Verständnis. Daher ist es um so wichtiger, die historischen sowie die in der Überlieferung entstandenen Grundlagen des gegenwärtigen Buddhismus zu kennen.

Einzelne, insbesondere die zentralen Texte werden weiterhin besondere Aufmerksamkeit auf sich ziehen und nachhaltiges Interesse wecken. Daher ist es besonders erfreulich, daß auch im deutschsprachigen Raum Impulse zu Neuübersetzungen Früchte getragen haben, wie jüngst in der Neuübersetzung des Lotos-Sutra durch Max Deeg. Neben dem Fortschritt in der wissenschaftlichen und philologischen Durchdringung der Textüberlieferung wird die Essenz der buddhistischen Weltsicht und einzelner Teillehren von immer weiteren Kreisen verstanden, die daraus nicht nur Hilfen für das Leben in der Welt, sondern zugleich intellektuelle Herausforderung und Befriedigung erfahren. Insbesondere die kosmopolitischen Züge des seit frühester Zeit sich über vielerlei Grenzen hinweg etablierenden Buddhismus können als ein wichtiges Gestaltungselement zivilgesellschaftlicher Teilhabe in der sich globalisierenden Weltgesellschaft verstanden werden.

Mit vorliegendem Überblick soll der Buddhismus in seiner historischen Entwicklung und vielfältigen Auffächerung im Überblick dargestellt und zugleich eine Orientierung gegeben werden, für den Interessierten ebenso wie für denjenigen, der sich auf eine bestimmte buddhistische Lehre näher einlassen möchte. Die Lehre des Buddha, des «Erleuchteten», ist eine Welthaltung, eine Lebenspraxis und ein Erkenntnisprozeß, in den der Einzelne auf unterschiedliche Weise eintreten kann, zu dem einen reflektierten Zugang zu finden jedoch die Kenntnis der Geschichtlichkeit eine unabdingbare Voraussetzung ist.

Dazu soll diese Darstellung beitragen. Sie soll eine erste Information geben oder auch eine kurze Vergewisserung für solche, die häufiger schon mit dem Buddhismus zu tun hatten. Zur vertiefenden Beschäftigung mit dem Gegenstand wird die Fortsetzung der Lektüre in anderen Fachbüchern empfohlen, von denen sich einige in der Literaturliste am Ende des Bandes finden. Entscheidend aber ist am Ende die Praxis, die auch in der Beschäftigung mit einem oder mehreren zentralen Texten des Buddhismus bestehen kann.

Wolfenbüttel/Zürich, im April 2007 *HSG*

Einleitung

Was ist der Buddhismus, und was ist die Lehre des Buddha? Die Antwort wird vielfältig sein und auch nicht erschöpfend, denn in seiner etwa zweieinhalbtausendjährigen Geschichte hat der Buddhismus viele Gesichter gezeigt, so daß die Rede von *dem* Buddhismus nicht statthaft ist. Manche haben versucht, alles das, was sich als historische Ausprägung mit dem Buddhismus eng verwoben hat, als Beiwerk abzuwerten. Doch ist es wohl eher angemessen, den Buddhismus in seiner geschichtlichen Erscheinung wahrzunehmen, gerade weil die einzelnen durchaus unterschiedlichen Lehrrichtungen doch einen gemeinsamen Kern haben. So kann man dem Bild des großen Buddhismus-Gelehrten Edward Conze (1904–1979), daß die Differenzen nichts anderes seien als Facetten eines Diamanten, nur zustimmen. Zunächst handelt es sich ja um die Lehre des Stifters Gautama Buddha, des historischen Buddha, von der wir nur durch spätere Überlieferung Kenntnis haben. Keinesfalls aber ist der Begriff des Buddhismus ein neuer Begriff wie etwa der des Hinduismus, der tatsächlich erst eine «Erfindung» der britischen Kolonialverwaltung des 19. Jahrhunderts ist, sondern sehr früh schon hat der Buddhismus bei aller internen Vielfalt eine Identität entwickelt, die nicht nur an die Lehren des Buddha anknüpfte, sondern auch mit bildlichen Repräsentationen verbunden war, die in weite Teile Asiens ausstrahlten. So wurde im fünften nachchristlichen Jahrhundert die «Lehre des Buddha» in China im Rahmen von religiösen Auseinandersetzungen der Lehre des Laozi und der Lehre des Konfuzius als die Lehre eines indischen Religionsstifters gegenübergestellt.

Der Buddhismus hat nicht nur dem Einzelnen einen oder mehrere Heilswege angeboten, sondern er hat auf vielfältige Weise ganze Epochen und Kulturen geprägt und sogar die Verfassung von Staaten beeinflußt. Zahlreiche Bauwerke, Tempel-

und Stadtanlagen und Gärten von eigenwilliger Schönheit, aber auch Skulpturen aus verschiedensten Materialien und in reicher Formenvielfalt verdanken ihre Entstehung dem Buddhismus, und die frühe Ausbildung der Drucktechnik in Ostasien und zahlreicher Wissenschaften und nicht zuletzt viele Volksbildungstraditionen gehen auf den Buddhismus zurück. Der Buddhismus hatte sich nach seiner Verbreitung nach Ostasien zu der in seiner Zeit wohl größten Buchreligion herausgebildet, die sich mit ihren Texten an Laien richtete und bei der die Weitergabe und die Übersetzung von Texten in großem Stil ein zentrales Anliegen wurde. Verschiedene Philologien waren die Folge, und enzyklopädische Projekte sowie die Erstellung von Wörterbüchern wurden vorangetrieben. Vor allem aber prägte der Buddhismus geistige und soziale Strukturen in den Gesellschaften, in denen er stärker Fuß fassen konnte. Die Geschichte Ost- und Südostasiens jedenfalls ist ohne die Berücksichtigung der Rolle, die der Buddhismus dort gespielt hat und zum Teil noch spielt, nicht zu verstehen. Dies alles kann und soll hier nur angedeutet werden. Vor allem soll der Buddhismus in seinen Kerngehalten einerseits und im Hinblick auf seine Rolle in der Geschichte der letzten zweieinhalbtausend Jahre andererseits angesprochen werden. Denn ebenso wie die Geschichte des Christentums inzwischen ein Teil der Weltgeschichte geworden ist und Europa weitgehend nur noch historisch und zunehmend nur am Rande dabei eine Rolle spielt, so ist auch die Geschichte des Buddhismus ein Teil der Weltgeschichte, auch wenn diese Lehre bisher vorwiegend jene Weltgegenden geprägt hat, die wir Asien zurechnen.

Man kann sich dem Buddhismus auf vielen Wegen nähern, in der Beschäftigung mit seiner Geschichte ebenso wie in der unmittelbaren Begegnung mit einem Lehrer oder einem Text oder einer buddhistisch geprägten Lebenswelt wie einem Tempel oder einer Meditationspraxis oder einem Andachtsbild. Immer aber wird man zu jenem Ergebnis kommen, welches Richard Gombrich in den Satz faßte: «Der Buddhismus beschäftigt sich mit dem Menschen, oder besser gesagt, mit allen lebenden, leidenden Wesen.» Konkreter: Der Buddhismus sucht dem Menschen eine Antwort auf sein Bedürfnis nach Seelenfrieden zu geben, denn die Lehre des Buddha will den Weg zur Erlösung zeigen.

Der Heilsweg des Buddha ist ein Weg zur Weisheit und zur Erlösung des Einzelnen. Davon soll hier die Rede sein, von den geschichtlichen Erscheinungsformen der Lehre des Buddha, die zum Teil allerdings auch wieder als Verlassen dieses Heilsweges gedeutet werden können. Am Anfang der Lehre stand eine Einsicht: daß die Welt in ihrer Vergänglichkeit ein Ort des Leidens sei. Es folgte eine Lehrtätigkeit aus unendlichem Mitleid, um Wege aus dem Kreislauf des Leidens zu finden, in dem alle Lebewesen durch ihre Begierden, vor allem aber durch Unwissenheit gefangen sind. Diese Einsicht hatte einen radikalen Bewußtseinswandel zur Voraussetzung. Erst die Erkenntnis der falschen Vorstellung von unserem Selbst und die Realisierung der Tatsache, daß es dieses Selbst gar nicht gibt, daß es eine Illusion ist, ermöglicht den ersten Schritt zur Befreiung, der zu einer Läuterung des Geistes führt, zur Zügelung der Begierden und zu Güte und Wohlwollen gegenüber jedem lebenden Wesen. Zugleich aber gilt: Obwohl es eigentlich kein Selbst gibt, findet doch eine Zurechnung der Taten statt, ist jedes Wesen verantwortlich für seine eigenen Taten, seinen eigenen Geist und seine eigene Erlösung.

Zunächst war der von dem historischen Buddha gestiftete Orden und der Weg mönchischer Askese und Entsagung der einzige Weg zur Erlösung. Später traten andere Wege hinzu, so daß seither auch Laienanhänger auf Erlösung hoffen konnten. Die mit dem Einschlagen des Mönchsweges verbundene Einsicht, daß die zur Erlösung führende Lehre des Buddha schwierig ist und anhaltender geistiger Bemühungen bedarf, blieb aber eine Grundlage aller Erlösungswege auch dann noch, als sich der Gedanke einer plötzlichen Erleuchtung und der Erlösungsfähigkeit jedes Menschen im «Großen Fahrzeug» durchgesetzt hatte. Die moralische Botschaft der Lehre Buddhas, die Ethik des Wohlwollens, der Wahrhaftigkeit und der Selbstbeherrschung, fand früh und rasch Anhängerschaft in weiteren Kreisen, und vermutlich über Kaufleute wurde die Lehre auf See- und Landhandelswegen weit über Indien hinaus verbreitet und erwies sich so als eine ortsungebundene Lehre mit universellem Charakter.

Allerdings trat sie in verschiedenen Formen auf. Dabei kam es zu gedanklichen Umkodierungen, die man auch als Reformationen oder gar als Revolutionen bezeichnen könnte. Zu solchen Umkodierungen gehört die erstaunliche Ersetzung des Ideals des asketisch-meditativen Heiligen durch die Gestalt des grenzenlos gütigen Bodhisattva, eine Wendung, die mit dem Aufkommen des Mahāyāna, des «Großen Fahrzeugs» einhergeht. In diesem Bodhisattva-Ideal, bei dem nicht mehr die Vermeidung oder Überwindung des eigenen Leidens im Vordergrund steht, sondern das Suchen nach Weisheit und vor allem das Mitfühlen, in diesem Bodhisattva-Ideal tritt der Einzelne von sich zurück. Die mystische Haltung, in welcher der Einzelne sich von der Welt her sieht, teilt der Bodhisattva mit dem Asketen, nur daß er vorwiegend altruistisch motiviert ist. Beiden geht es nicht um eine Transformation der Welt, sondern um eine Transformation des Selbstverständnisses als der entscheidenden Voraussetzung für eine Neubestimmung des Verhältnisses von Individuum und Gesellschaft.

Wenn man überzeugt ist, daß das Bodhisattva-Ideal «die letztlich einzige konsistente Form der mystischen Haltung» ist (Ernst Tugendhat), so beanspruchen doch auch andere Formen der Religion und der Mystik ihre Geltung. Im Rahmen der historischen Rekonstruktion stellen wir einzelne Richtungen gegenüber, insbesondere das Hīnayāna, das sogenannte «Kleine Fahrzeug», und das Mahāyāna, das sogenannte «Große Fahrzeug». Dies bedeutet keine Wertung, sondern berichtet nur den historisch zu erklärenden Unterschied, daß das Kleine Fahrzeug in den meisten seiner Richtungen die Möglichkeit verneint, daß alle Menschen Buddha werden, während das Große Fahrzeug davon ausgeht, daß jedes Lebewesen die Buddhanatur in sich trägt und daher auch – im Prinzip jedenfalls – zum Buddha werden kann. Mit solchen Widersprüchen mußten sich die Exegeten und Kommentatoren des Buddhismus seit den frühesten Anfängen auseinandersetzen, und in der Tat ist die Gegenüberstellung gerade von Mahāyāna und Hīnayāna eine nachträgliche Etikettierung, die wir zum Zwecke der Darstellung auch befolgen. Doch soll dies das Gemeinsame der beiden Richtungen nicht verdecken, und wir müssen uns stets des Umstandes bewußt bleiben, daß diese Bezeichnungen auf polemische Absichten der Mahāyāna-Anhänger zurückgehen. Deswegen sprechen manche auch statt vom «Hīnayāna» vom «Theravāda» oder vom «älteren» Buddhismus.

Trotz universeller Verbreitung kann, wie gelegentlich erfolgt, weder für die Vergangenheit noch für die Gegenwart von einer «Welt des Buddhismus» gesprochen werden. Denn der Buddhismus setzt sich nicht grundsätzlich in Gegensatz zu anderen Religionen, auch wenn er sich in seinen Lehren natürlich durchaus gegen andere Religionen, insbesondere die brahmanischen Traditionen, profiliert. Ferner beschäftigt er sich in erster Linie mit der Erlösung und dem Entrinnen aus dem Kreislauf der Geburten und bezieht sich trotz aller Welthaltigkeit auf diesen Aspekt des Daseins. Und drittens ist den Anhängern der «Lehre des Erleuchteten» schon seit frühester Zeit bewußt, daß es neben dem eigenen Deutungshorizont durchaus andere Auslegungsrichtungen gibt. Dem Buddhismus ist es grundsätzlich nicht um die Regelung der Angelegenheiten in dieser Welt zu tun, sondern er konzentriert sich auf den Geist im weitesten Sinne. Daran ändert auch nichts die Tatsache, daß Vertreter des Buddhismus zu Ratgebern von Herrschern wurden und gelegentlich von buddhistischer Seite für den Fortbestand eines Herrscherhauses gebetet wurde. Als ein Weg zur Erlösung steht der Buddhismus allen Kulturen offen, als ein Weg, der – ich betonte es – letztlich aber nur von dem Einzelnen beschritten werden kann.

Im Zentrum steht die Lösung aus den Verstrickungen in die Welt, die zumeist gleichbedeutend ist mit der wachsenden Einsicht in die *Lehre vom Nicht-Selbst*. Erst durch die Lösung von allem, was unbeständig ist, wird der Zustand der Vollkommenheit erreicht, und es kommt zu einer Stellung jenseits des Kreislaufs von Tod und Geburt, zur Todlosigkeit. Dabei führt diese Weltabwendung nicht zu einem mißmutigen Pessimismus, der von manchen dem Buddhismus nachgesagt wurde, sondern kann durchaus – das zeigt die historische Erfahrung – geprägt sein durch freundliche Heiterkeit; und aus der Weltabwendung entsteht eine neue aufgeschlossene Weltzuwendung, die von Wohltätigkeit gekennzeichnet ist und oft auch Weltverbesserungsziele verfolgt und als engagierter Buddhismus neue Formen hervorbringt.

Das heutige Wissen über den Buddhismus ist infolge der Verwissenschaftlichung der Beschäftigung mit dieser Lehre in den letzten nahezu zweihundert Jahren nicht mit früheren Zeiten zu vergleichen. Die Entdeckung lange unbekannter oder unbeachteter Texte hat zu einer Renaissance des Buddhismus in vielen Ländern geführt, gelegentlich in Verbindung mit Bemühungen um eine Wiederbelebung nationaler Identität und eigener Geschichtlichkeit. Im Westen kann man geradezu von Erkenntnisschüben sprechen. Während zu Beginn des 19. Jahrhunderts nur eine kleine Gruppe von Texten bekannt war, prägte das Bekanntwerden des Pāli-Kanons in Śrī Laṅkā (Ceylon) bis weit in das 20. Jahrhundert das Bild des Buddhismus. Nur allmählich trat die Wahrnehmung des chinesischen buddhistischen Kanons hinzu, gefolgt von dem seit der Mitte des 20. Jahrhunderts stärker beachteten tibetisch geprägten Tantrismus, der in den letzten Jahren im Westen das Bild des Buddhismus besonders stark beeinflußte, was zum Teil mit dazu beigetragen hat, den Reichtum und die Vielfalt der Vergangenheit wieder zu überdecken.

I. Buddha: Sein Leben und seine Lehre

1. Eine indische Reformbewegung

Ausstieg aus dem Kreislauf der Wiedergeburten

In der summarisch oft als «Hinduismus» bezeichneten indischen Religionswelt traten im 5. Jahrhundert v. Chr. Reformbewegungen auf, von denen eine zum Buddhismus werden sollte. Diese kritisch gegen die priesterliche Orthodoxie gewandten Bewegungen suchten vor allem in der Askese nach der Möglichkeit, dem ewigen Kreislauf der Geburten zu entkommen und fanden dabei breite Resonanz und zahlreiche jüngere Anhänger. Bei der Suche nach einem Ausweg und nach günstigen Voraussetzungen für die nächste Existenz wurden unterschiedliche Formen der Daseinsgestaltung erprobt und gefunden. Dies geschah zum Teil in Vereinzelung, etwa in der Waldeinsamkeit, vor allem aber wohl doch in Gruppen, in denen eine Verbindung von Abkehr und Verzicht mit Anstrengungen zur Erlangung übernatürlicher Kräfte, aber auch der Gewinnung von Reinheit und Bedürfnislosigkeit eingegangen und geübt wurde. Die Entscheidung zur Gewaltlosigkeit und der Einsatz aus Verinnerlichung opferritualistischer Handlungen entstandener Techniken der geistigen Läuterung durch Meditation waren allen diesen Gruppen eigen, die der Welt entsagten, um sich aus der Verstrickung in diese zu lösen und so Befreiung zu erlangen. Solche Selbstbefreiung wurde ein Ziel nicht zuletzt unter Angehörigen vornehmer Schichten, bei denen die Erlösungssuche auch Ausdruck eines Drangs zu Veränderungen gewesen sein dürfte.

Aus zwei dieser sich als Mönchsbewegungen formierenden Gruppen sind der Jinismus (oder: Jainismus) und der Buddhismus hervorgegangen, ursprünglich zwei von Angehörigen des mächtigen Kriegerstandes (*kṣatriya*) im östlichen Gangestal getragene radikale Reformbewegungen, deren Radikalität gerade auch in der Ablehnung geburtsständischer Privilegien bestand, die dem Buddhismus bis heute eigen blieb. Ihre Herkunft aus dem philosophisch-religiösen Milieu Indiens der Mitte des ersten vorchristlichen Jahrtausends kann keine dieser Bewegungen leugnen. Von den Lehren der Upanishaden übernahm der Buddhismus ebenso wie andere der frühen monastischen Bewegungen die Wiedergeburts- und die Karmalehre. Denn nach brahmanischer Vorstellung hatte jede wichtige Handlung (*karma*) ihre Folgen, welche als durch eine unsichtbare und prinzipiell uneinsehbare Ursachenverstrickung bewirkt verstanden wurde. Doch die Seelenwanderungslehre der Buddhisten unterscheidet sich von derjenigen der Hindus darin, daß kein Übergang einer unsterblichen Seelensubstanz von einem Körper in den anderen stattfindet. Eine neu entstehende Persönlichkeit ist deshalb mit der verstorbenen nicht identisch, aber auch nicht von ihr verschieden. Nur ein ununterbrochen weiterfließender Bewußtseinsstrom erhält sich durch die Stadien zwischen Geburt und Tod. Die schnelle Erlösung war dabei von Anfang an nicht das Ziel. Denn Buddha lehrte:

> Ich lehre, daß man, ohne das Ende der Welt erreicht zu haben, nicht dem Leid ein Ende machen kann. Und so verkündige ich: In diesem klaftergroßen Körper, der mit Denken und Unterscheidungsvermögen ausgestattet ist, ist die Welt und die Entstehung der Welt und die Aufhebung der Welt und der Pfad zur Aufhebung der Welt. (Samyutta-Nikāya 2, 26,9; Übersetzung: H. v. Glasenapp)

Kern-und Ausgangspunkt der Lehre des Buddha bildet die Lehre von den «vier edlen Wahrheiten»: Alles ist Leiden; das Leiden hat seine Ursache in der Begierde; es kann durch Vernichtung der Begierde beendet werden; dazu gibt es einen Weg, den «achtfachen Pfad», der zur Beendigung des Leidens führt. Der achtfache Pfad (*aṣṭāngika-mārga*), gliedert sich folgendermaßen:

1. Rechte oder Vollkommene Erkenntnis oder Anschauung, d. h. Erkenntnis der vier edlen Wahrheiten und Einsicht in die Lehre vom Nicht-Selbst;

2. Rechte Gesinnung oder Vollkommener Entschluß, d. h. Entschluß zur Entsagung und zur Freundlichkeit gegenüber allen Lebewesen;
3. Rechte oder Vollkommene Rede, d.h. Vermeidung von Geschwätz, übler Nachrede und besonders von Lügen;
4. Rechte Tat oder Rechtes Vollkommenes Handeln, d.h. Handeln entsprechend den Sittenregeln (*śīla*);
5. Rechter oder Vollkommener Lebenserwerb, d.h. Vermeidung einer Tätigkeit, bei der man Lebewesen schädigen muß;
6. Rechtes Streben oder Vollkommene Anstrengung, was sich auf die Vermeidung von karmisch Unheilsamem und die Beförderung von karmisch Heilsamem bezieht;
7. Rechtes Überdenken oder Vollkommene Achtsamkeit, d.h. Achtung auf den Körper, die Gefühle, das Denken und die Objekte des Denkens;
8. Rechtes Sich-Versenken oder Vollkommene Sammlung, was sich auf die vier Stufen der Versenkung (*dhyāna*) bezieht.

Der achtfache Pfad zerfällt in drei grundlegende Bereiche: Erstens, tugendhafter Wandel oder Sittlichkeit (*śīla*), zweitens, Sammlung oder Versenkung (*samādhi*) und, drittens, intuitives Wissen (*prajñā*). Sittlichkeit bedeutet rechte Rede, rechtes Handeln und rechten Lebenserwerb. Versenkung oder Sammlung meint rechte Anstrengung, rechte Achtsamkeit und rechtes Sich-Versenken. Es geht um die Konzentration des Geistes auf einen Punkt, wobei eine neunstufige Steigerung bzw. Vertiefung durchschritten wird bis hin zum völligen Nicht-Vorhandensein von Zerstreuung und zu vollkommener geistiger Ruhe. Dadurch gelangt der Meditierende in den Besitz höherer Geisteskräfte (*abhijnā*). Der dritte Bereich des Wissens, das bedeutendste Element des achtfachen Pfades, bedeutet rechte Erkenntnis und rechte Gesinnung, auch als rechte Ansicht oder Anschauung und rechte Absicht bezeichnet. Durch Vervollkommnung aller dieser Bereiche löst man sich aus allen Verstrickungen und erreicht das Nirvāṇa.

Der Sprung des Bewußtseinsstroms über den Abgrund, dieses «Entstehen in Abhängigkeit» (*pratītyasamutpāda*) über Tod und Geburt und lange Zeiträume hinweg, dieser «Konditionalnexus» ist in folgenden zwölf Gliedern (*nidāna*) vorzustellen, von denen eines jeweils das nächste bedingt. Dabei ist zu betonen, daß es zahlreiche zum Teil stark voneinander abweichende Deutungen des *pratītyasamutpāda* gibt.

Frühere Existenz

1. *avidyā* – Nichtwissen, Verblendung; Wurzel aller Verstrickung in die Welt des Scheins; Nicht-Erkennen der vier edlen Wahrheiten.
2. *saṃskāra* – Triebkräfte und Willensregungen, Tatabsichten.

Gegenwärtige Existenz

3. *vijñāna* – Bewußtsein, von dem es sechs Arten gibt, nämlich jeweils das der fünf Sinnesorgane und das Geistbewußtsein; manche fassen *vijñāna* auch als «Erkenntnis» auf.
4. *nāma-rūpa* – «Name und Form», d. i. die körperlich-geistige Einzelwesenhaftigkeit.
5. *ṣaḍ-āyatana* – Bereich der sechs Grundlagen, d. i. die fünf Bereiche der Sinne und das Denken.
6. *sparśa* – Berührung, Bewußtseinseindruck, das Zusammentreffen von Sinnesorgan und Sinnesobjekt unter Beteiligung von Bewußtsein (*vijñāna*).
7. *vedanā* – Empfindung, Gefühl.
8. *tṛṣṇā* (Pāli: *taṇhā*) – Durst, Verlangen, Begierde.
9. *upādāna* – Lebenshang; Anhaften an das Leben.
10. *bhava* – Sein; Werden, das mit Aneignen (*upādāna*) von Persönlichkeitselementen verbunden ist.

Zukünftige Existenz

11. *jāti* – Wiedergeburt, Geburt in ein leidvolles Dasein
12. *jarā-maraṇa* – Altern und Sterben, Ende des leidvollen Daseins.

Die Lehre vom «Entstehen in Abhängigkeit» verbunden mit der Lehre vom Nicht-Selbst ist der Kern aller buddhistischen Doktrinen. Die Auflösung dieses Zusammenhangs und zugleich die Notwendigkeit des Leidens (*duḥkha*), gleichzusetzen mit einer Schieflage und mit körperlicher und seelischer Dysfunktionalität, als Voraussetzung für die Einsicht sind die Grundlage der Befreiung aus dem Rad der Wiedergeburten. Dies stellt Buddha in einer Rede an die Mönchsgemeinde dar, die im Dīgha-Nikāya, dem ersten der fünf *Nikāyas* des Sutta-Pītaka (Sanskrit: Sūtra-Piṭaka), überliefert ist. (Siehe unten S. 35 f.) Einzelne Elemente der religiösen Vorstellungswelt des Buddhismus mußten nicht gänzlich neu erfunden werden, sondern man konnte in vielfältiger Weise an bestehende Vorstellungen anknüpfen. Wie jene «Aussteiger», Wanderer und Eremiten ohne soziale Bindung, den Gedanken von der Beziehung zwischen Mikrokosmos und Makrokosmos, wie er sich in den brahmanischen Opferungen im Gefolge der ersten Selbstopferung des Schöpfergottes mit dem Ziel der Erhaltung bzw. Wiederherstellung der Ordnung etabliert hatte, übernahmen, so knüpfte auch Buddha an solche Vorstellungen von einem verwickelten Universum mit vielen Himmeln und vielen Höllen an, dessen Ordnungsprinzip auch als *dharma* bezeichnet wurde. Dies bildete die Grundlage für die in den einzelnen Lehrtraditionen unterschiedlich ausführlich systematisierten Höllen-, Himmels- und Jenseitsvorstellungen. Gerade diese religiösen Elemente sicherten später die Anschlußfähigkeit des Buddhismus an ganz unterschiedliche religiöse Traditionen und ermöglichten so Übernahmen und Adaptionen von kulturspezifischen Glaubensvorstellungen im Zuge der Ausbreitung des Buddhismus in andere Länder und Kulturen.

Zunächst aber war die Lehre des Buddha radikal und auf das Grundsätzliche gerichtet. Sie entwertete nicht nur die Gottheiten, sondern entwickelte auch eine neue Konzeption des Individuums, das als aus einer raschen Abfolge zahlloser einzelner Daseinsmomente entstanden gedacht und ohne ein beständiges Selbst (*ātman*) vorgestellt wurde. Der Mensch besitzt demnach kein Selbst (*anātman*). Vielmehr unterliegt alle Existenz jenem beschriebenen, in zwölf Gliedern oder Stufen ablaufenden Prozeß des Werdens, der als «Entstehen in Abhängigkeit» (*pratītyasamutpāda*) bezeichnet wird. Verbunden wurde diese Lehre mit der die grundlegende Einsicht Buddhas vermittelnden Lehre von den «vier edlen Wahrheiten», in der es um die Existenz des Leidens und um den zur Überwindung der Ursachen des Leidens führenden «achtfachen Weg» oder «achtfachen Pfad» geht. Die Lehre vom Nicht-Selbst, oder anders ausgedrückt: die Leugnung eines Selbst bildet zusammen mit den vier edlen Wahrheiten den Kern der Lehre des Buddha. Auch wenn wir nicht wissen, welche Vorstellung von einem *ātman* sich die frühen Buddhisten machten, so muß man die Rede vom Nicht-Selbst als eine logische Folgerung aus dem Wissen um die Unbeständigkeit aller Dinge verstehen. Es kann keine bleibende Individualität geben, weil die «Daseinsgruppen», die *skandhas*, keine Dauer besitzen.

Die Daseinsgruppen (skandha) und der Kreislauf der Existenzen

Lebewesen werden also lediglich als Konfigurationen von Daseinsgruppen (*skandha*) verstanden, die unablässig im Kreislauf der Existenzen entstehen und vergehen und daher weder Dauer noch Einheit besitzen. Man unterscheidet fünf Daseinsgruppen, die alles, was gemeinhin als Persönlichkeit angesehen wird, konstituieren und die alle als unbeständig und als nicht heilsam (*akuśala*) gelten:

1. Körperlichkeit (*rūpa*), zusammengesetzt aus den vier Elementen Erde, Wasser, Feuer und Wind oder daraus gebildeter feinstofflicher Körperlichkeit.
2. Empfindungen (*vedanā*) jeder Art, die aus dem Kontakt der sechs inneren Organe (Auge, Ohr, Nase, Zunge, Körper, Geist oder Verstand) mit sechs äußeren Objekten (Aussehen, Geräusch, Geruch, Geschmack, Berührung, geistiges Objekt oder Verstandesgegenstände) entstehen, welche die zwölf Grundlagen des Bewußtseins (*āyatana*) bilden.
3. Wahrnehmungen oder Vorstellungen (*saṃjñā*), die sich auf die sechs äußeren Objekte beziehen.
4. Geistesformationen oder Reaktionen des Willens auf die sechs Objekte, die auch als Triebkräfte bezeichnet werden (*samskāra*).
5. Bewußtsein (*vijñāna*), das die Eigenschaften der sechs Objekte erfaßt.

Diese Gruppen werden gelegentlich auch als «Gruppen des Anhaftens» (*upādānaskandha*) bezeichnet, da sich an sie die Gier (*tṛṣṇā*) haftet. Besondere Merkmale der Skandhas sind Geburt, Alter und Tod, Dauer und Veränderung; sie sind unbeständig (*anitya*), leer (*śūnyatā*) und leidvoll (*duḥkha*).

Zu den als *āyatana* bezeichneten zwölf Grundlagen des Bewußtseins, den Sinnesorganen und den Sinnesobjekten, den Sinnesfeldern oder den «Toren zum Eintritt ins Dasein» treten sechs Arten des Bewußtseins hinzu: Sehbewußtsein, Hörbewußtsein, Riechbewußtsein, Schmeckbewußtsein, Körperbewußtsein, Geistbewußtsein. Zusammen bilden sie die achtzehn Elemente (*dhātu*). Mit den fünf Daseinsgruppen (*skandha*), den zwölf Grundlagen des Bewußtseins (*āyatana*) und den achtzehn Elementen (*dhātu*) können sämtliche Lebenserfahrungen beschrieben werden. Wichtig ist hier die Bildung von Begriffsreihen und Entsprechungsbeziehungen, die in den buddhistischen Schulen weiterentwickelt wurden und die auch Eingang in andere religiöse Spekulationssysteme Asiens gefunden haben.

Der historische Buddha und die vielen Buddhas

Die Lehre Buddhas begann also als eine Sonderbewegung aus brahmanischen ebenso wie aus nicht-brahmanischen indischen Traditionen, insbesondere geknüpft an die Lebensform in einfachem Gewand, mit Bettel- oder Wanderstab und Eßnapf. Dabei galt das Betteln von Nahrung selbst ebenso als heilvolle Handlung wie die Gewährung solcher Gaben. Die Mönchsgemeinde, der *saṅgha* in seiner organisierten Form, war erst das Ergebnis von Regelungen, die von den Schüler- und Enkelschülergenerationen Buddhas getroffen und im Laufe der Jahrhunderte weiterentwickelt und verfeinert und dann in der Folge der Aufspaltung der Lehre in einzelne Lehrrichtungen, aber auch entsprechend dem jeweiligen kulturellen Umfeld immer wieder revidiert und neu gestaltet wurden. Dabei wurde früh deutlich, daß neben der schriftlichen Überlieferung und insbesondere neben den schriftlich festgelegten Vorschriften eine eigene Praxis gelebt wurde, die oft genug sehr wohl im Widerspruch zu den Regeln stand.

Śākyamuni selbst, «der Weise aus dem Geschlecht der Śākyas», der historische Buddha, hatte sich aus dem ursprünglich unreinen Zustand strebend entwickelt und folgende fünf reine (*anāsrava*, wörtl.: «ohne Einströmungen») Daseinsgruppen (*skandha*) ausgebildet: Sittlichkeit (*śīla*), geistige Sammlung (*samādhi*), Weisheit (*prajñā*), Befreiung (*vimukti*) sowie Erkenntnis durch Wissen von der Befreiung (*vimukti-jñāna-darśana*). Auch wenn viele seiner Schüler die gleiche Befreiung erreichten, so entsprach doch ihre Erleuchtung nicht der vollkommenen Erleuchtung, wie sie Buddha erlangte. Śākyamuni hat diese seine Einzigartigkeit nach seiner Erleuchtung in Bodh-Gayā selbst ausdrücklich betont, wie sie dann auch durch spätere Berichte von den Verdiensten untermauert wurde, die er in seinen Vorleben angehäuft hatte.

Bis heute hat sich die Legende um die Gestalt des Buddha Śākyamuni gehalten, auch wenn es im Laufe der Jahrhunderte und insbesondere im 20. Jahrhundert wissenschaftliche Bemühungen gegeben hat, die ähnlich der Leben-Jesu-Forschung kritisch die Berichte vom Leben Buddhas hinterfragten. Trotz aller Unsicherheiten werden auch die Lebensdaten des «Erleuchteten» mit dessen Geburt im Jahre 624 v. Chr., seiner Erleuchtung im Jahr 588 v. Chr. und dem Tod mit 80 Jahren von der Theravāda-Schule als gegeben angenommen. Danach wurde im Jahre 1956 der 2500. Todestag Buddhas begangen, und in das Jahr 2006 würde der 2550. Todestag fallen. Tatsächlich aber ist die als Gründungsfigur anzusehende Persönlichkeit, der historische Buddha, eher ins fünfte Jahrhundert v. Chr. zu datieren.

Das Leben des Siddhārtha Gautama, in einem Randgebiet indischer Kultur geboren, ist zugleich die Gründungsgeschichte des Buddhismus, für die wir Zeugnisse allerdings erst aus viel späterer Zeit haben. Es wird mit vier Orten verknüpft, den Stätten der Geburt, der Erleuchtung, der ersten Predigt und des Eintretens in das *nirvāṇa*. Nach wundersamer Empfängnis – er soll seiner Mutter, der Königin Māyā, als sechszahniger Elephant im Traum erschienen und in ihre rechte Seite eingedrungen sein – wurde er im Lumbinī-Garten außerhalb von Kapilavastu in der Nähe der indisch-nepalesischen Grenze am Fuße des Himālaya geboren. Nach dem frühen Tod der Mutter wurde Gautama von seiner Tante Mahāprajāpatī aufgezogen, während ihn sein Vater Śuddhodana von aller Unbill abschirmte. Mit 16 Jahren heiratete er die schöne Yaśodharā, die ihm später den Sohn Rāhula schenkte. Dann geschah das Einschneidende in Form einer vierfachen Begegnung: Gautama begegnete einem Greis, einem Kranken, einem Leichnam und einem Bettelmönch. Während ihm die ersten drei Begegnungen in Form von Alter, Krankheit und Tod die Vergänglichkeit der menschlichen Existenz vor Augen führten, gab ihm der Mönch eine Ahnung davon, wie er zur

Erlösung aus dem Leiden (*duḥkha*) gelangen könnte. Noch nicht dreißigjährig, sein Sohn Rāhula war gerade geboren, verließ der Prinz, nicht ohne auf erhebliche Widerstände zu stoßen, den väterlichen Palast, folgte dem Vorbild des Mönches und lebte als Asket. Er studierte bei verschiedenen Asketen und vervollkommnete sich in Meditationstechniken. Die Befolgung strengster Askese brachte ihn zwar dem Tod, aber nicht dem Ziel der Erlösung aus dem Leiden nahe. Er verwarf daher die übertriebene Askese und ging nach Bodh-Gayā, wo er sich unter einem Feigenbaum zur Meditation niederließ und nach 49 Tagen die vollkommene Erleuchtung erlangte und den «Mittleren Weg» fand, nachdem er einigen Versuchungen durch den Dämon Māra widerstanden hatte. Der entscheidende Durchbruch zum «Erwachen» (*bodhi*) war also diese tiefe Meditation (*dhyāna*) in Bodh-Gayā, in der er sich seiner Vorleben bewußt wurde und die vier edlen Wahrheiten erfuhr. Hier, in einer denkwürdigen Nacht, erreichte er die vollkommene Erleuchtung, das Nirvāṇa («Verlöschen»). Seine Erkenntnisse predigte er in Sārnāth in einem Gazellen-Park in der Nähe von Benares. Dort legt heute noch ein über 40 Meter hoher Stūpa Zeugnis ab von dieser ersten Lehrrede des Buddha vor seinen ersten Anhängern.

Nach langer Lehrtätigkeit erreichte Buddha achtzigjährig sein irdisches Ende. Nahe der Stadt Kuśinagara trat er liegend im Kreis seiner Schüler, welche die erste Gemeinschaft bildeten und damit die Urform des buddhistischen Saṅgha darstellen, ins endgültige Nirvāṇa ein. Während sich einer späteren Darstellung zufolge dieser Übergang in sitzender Meditationshaltung ereignete, erscheint er in den bildlichen Darstellungen des Zustands der «großen vollkommenen Auslöschung» (*mahāparinirvāṇa*) zumeist liegend. Auch wenn in vielen Traditionen als Datum seines Eintritts in das Nirvāṇa das Jahr 543 v. Chr. angesetzt wird, so wird dieses Datum von der Wissenschaft abgelehnt. Die Berechnung dieses Datums ist nämlich nicht von der Salbung des Großkönigs Aśoka zu trennen, die allgemein aufgrund des Synchronismus mit im 13. Felsenedikt genannten hellenistischen Herrschern auf das Jahr 268–267 v. Chr. festgelegt wird. Lange Zeit folgte man einer Datierung, die das endgültige Nirvāṇa auf 218 Jahre vor der Salbung Aśokas festlegt, also 486 v. Chr., doch ist wohl als Datum eine andere Angabe auf 100 Jahre vor der Salbung, also das Jahr 368 v. Chr., wahrscheinlicher. Nach seinem Eintritt in das vollkommene Nirvāṇa (*parinirvāṇa*) wurde sein Leichnam verbrannt und die Überreste an verschiedenen als Stūpa bekannten Gedenkstätten in Form von Reliquien (*śarīra*) aufbewahrt. Diese Gedenkstätten wurden der Form nach in Ostasien übernommen, wo sich aus dem indischen Stūpa die Pagodenform entwickelte, typischerweise aus übereinandergestellten Dachtraufenformationen und einem zentralen Pfeiler in der Mitte konstruiert.

Entsprechend der Lehre vom Karma war auch das Leben des Buddha ein Ergebnis früher durchlaufener Existenzen, über die in Geburtsgeschichten, den sogenannten Jātakas, berichtet wird. Später entwickelten sich weitere Lehren von anderen früheren Buddhas, und die Vorstellung von einem zukünftigen Buddha entstand, insbesondere in Gestalt des Maitreya, an den sich Heilserwartungen knüpften. Diese Ausfüllung des Universums mit Buddhagestalten findet ihren Niederschlag schon in frühen Texten (*Mahāvadāna-Sūtra*), und insbesondere das *Saddharmapuṇḍarīka-Sūtra* («Sūtra vom Lotos des guten Gesetzes»), einer der wichtigsten Texte des Mahāyāna-Buddhismus überhaupt und in viele Sprachen übersetzt, repräsentiert diese Entwicklung in ausgereifter Gestalt. Dort finden wir auch die Beschreibung der zweiunddreißig charakteristischen Merkmale des Buddha, des «verklärten» Buddha, die «Kennzeichen eines Großen Mannes», die nach altindischen Vorstellungen sowohl einen Universalherrscher (*cakravartin*) als auch einen vollkommen «Erwachten», denn nichts anderes heißt «Buddha» wörtlich, kennzeichnen. Die Liste dieser zweiunddreißig Merkmale oder Kennzeichen findet sich in allen Schulen, und bei allen bildlichen Darstellungen Buddhas geht es um die Wiedergabe des verklärten Buddha. Nach dieser Idealvorstellung war der Buddha sechs Meter hoch, golden und hatte zwischen den Augenbrauen eine wollige Locke (*ūrṇa*), die in vielfarbigem Licht strahlt. Später wurde die Ûrṇa zu einem «dritten Auge», einem «Auge der Weisheit» umgedeutet. Eine andere Besonderheit ist eine Erhöhung auf dem Haupt, *uṣṇīṣā*, ursprünglich einen «Turban» bezeichnend, ein Merkmal, das in der bildenden Kunst der verschiedenen Regionen unterschiedlich geformt dargestellt wird, in Form einer Flamme, einer Spitze oder einer runden oder konisch geformten Erhebung auf dem Haupt.

Trotz aller Veränderungen blieb der Buddhismus seit seinen Anfängen bis heute ein Weg zur Überwindung der Verstrickung in die Welt. Die geschichtliche Entwicklung aber hat mit der Vorstellung von einer Vielzahl von Buddhas und anderen Gottheiten so viele Formen des Buddhismus mit sich gebracht, daß von «dem einen Buddhismus» schon seit der Frühzeit eigentlich nicht die Rede sein kann, sondern eher von vielen Spielarten, die teilweise ganz ohne Gottheitsvorstellung auskommen, teilweise aber auch als polytheistisch anzusehen sind. Es ist daher sicher richtig, einerseits von einem frühen oder alten Buddhismus zu sprechen, wie dies auch Max Weber tat, der diesen als «die rücksichtslos konsequenteste der hinduistischen vornehmen Intellektuellensoteriologien» bezeichnete und darin den fundamentalen Gegensatz zum alten Christentum sah. Mit der Weiterentwicklung und insbesondere der stärkeren Einbeziehung der Laienanhänger und ihrer Heilserwartungen veränderte sich der Buddhismus und verlor seinen ethischen Rigorismus in nahezu sämtlichen Schulrichtungen.

Große Unterschiede gibt es zwischen den beiden wichtigsten Erscheinungsformen, dem sogenannten Kleinen Fahrzeug (Hīnayāna) und dem Großen Fahrzeug (Mahāyāna), doch in beiden Richtungen wird der Gründer der Lehre, Buddha Śākyamuni, fast wie ein göttliches Wesen verehrt. Daneben traten Buddhavorstellungen wie die von dem Buddha des «Reinen Landes», Amitābha, oder von dem kosmischen Buddha Vairocana im Tantrismus, dem «Sonnengleichen» oder der «Großen Sonne», der als Schöpfergottheit und Ursprung aller Dinge gilt.

Im 10. Jahrhundert entstand im Mahāyāna die Vorstellung eines höchsten Buddha, des sogenannten Ādi-Buddha, der als Personifizierung des *dharmakāya* galt und mit dem Vairocana identifiziert wurde. Dabei spielte die Lehre von den «drei Körpern» (*trikāya*) der Buddhas eine Rolle. Der transzendente «Körper der Lehre» (*dharmakāya*), der von ihnen entdeckten und gelehrten Wahrheit, in der alle Buddhas identisch und wahrhaft wirklich sind; der leuchtende «Genußkörper» (*sambhogakāya*), entstanden aus dem nur für Bodhisattvas erkennbaren Genuß der heilvollen Taten eines Buddha; der «Erscheinungskörper» (*nirmāṇakāya*), der Stellvertreter der Buddhas in der Erscheinungswelt. Weitere Deutungen haben sich später ausgebildet. Neben den genannten Gestalten gibt es Bodhisattvas, zukünftige Buddhas, die Idealgestalten im Mahāyāna, sowie die als «Arhat» bezeichneten Schüler des historischen Buddha, Idealgestalten im Hīnayāna, die oft zu Gottheiten stilisiert wurden. Der Typus des Arhat, des Heiligen, der die Erlösung erreicht hat, stellt das Ideal des frühen Buddhismus dar. Besonders wichtig ist neben dem in ferner Zukunft ein Goldenes Zeitalter einleitenden «Messias», dem Bodhisattva Maitreya, der besonders populäre Bodhisattva Avalokiteśvara. Dies ist der Bodhisattva des Mitleids und des Erbarmens (*karuṇā*), eine anfangs meist als junger Prinz oder Asket dargestellte Heilsfigur, die in China (dort als «Guanyin» bezeichnet) und in Japan («Kannon») zeitweise auch in weiblicher Gestalt als «Göttin der Barmherzigkeit» dargestellt wurde. Der andere wesentliche Aspekt der Buddhaschaft ist Weisheit, die von dem Bodhisattva Mañjuśrī verkörpert wird. Insbesondere in China und Japan spielt der Retter aus den Höllenbereichen, der Bodhisattva Kṣitigarbha (chin.: Dizang pusa), als Fürsprecher bei den Richtern der Hölle eine wichtige Rolle im Totenkult. In Japan tritt er in der Unterwelt als Fürsprecher gestorbener Kinder auf.

Erfahrung von Leiden und Nichtigkeit der Welt

Buddhas Leben und Lehre waren beherrscht von der Erfahrung des Leidens, und all sein Streben hatte er darauf gerichtet, wie mit diesem Leiden umgegangen werden könnte. Dies führte ihn zu der Einsicht, daß alles vorübergehend und flüchtig sei, zur Veränderung seiner Lebensweise und schließlich zur Entsagung. Die Erlösungserfahrung gründet also in der Einsicht in die Nichtigkeit der Dinge und verwirklicht sich in dem Verschwinden aller Verstrickungen in die Welt, im Erreichen des Nirvāṇa. Bereits in seiner ersten Predigt «Lehrtext vom Drehen des Rades des Gesetzes» (*Dharmacakrapravartana-Sūtra*) verkündete Buddha den «Mittleren Weg». Dieser «Mittlere Weg» wurde im Laufe der Geschichte des Buddhismus verschieden interpretiert, bezog sich zunächst aber auf die Vermeidung der beiden Extreme des diesseitigen, auf den Genuß weltlicher Freuden und Gelüste gerichteten Lebens eines Hausvaters einerseits und des Lebens in extremer Askese und Selbstkasteiung zeitgenössischer Sekten wie z. B. der Jainas andererseits.

In Abweichung vom brahmanischen *karma*-Begriff verkündete Buddha, das Karma sei eine reine Gegebenheit des Denkens, der Rede und der Tat und allein durch die Absicht begründet. Danach trägt schon jede Absicht ihre Folgen in sich. Er thematisierte nicht die Einzelseele, was später als Leugnung der Seele ausgelegt wurde. Er verkündete den Weg aus der Verstrikkung in die Welt, zu finden durch Wissen um die Wahrheit, die er auch als Dharma verstand. Das Ziel ist das Nirvāṇa, das Verlöschen der Feuer von Gier, Haß und Verblendung. Dieses zu erreichen ist Sache jedes Einzelnen, der sich nur durch eigene Anstrengungen in einem allmählichen Prozeß aus der Verstrikkung in das Weltleiden befreien kann. Auch wenn im späteren Verständnis die spontane oder plötzliche Erleuchtung und damit einhergehende Befreiung für möglich gehalten wurde, so blieb doch die Frage ungelöst, wie eine über mehrere Existenzen bzw. Wiedergeburten sich erstreckende Anstrengung ohne die Vorstellung der Fortdauer einer individuellen Identität gedacht werden könne. Ein Versuch der Beantwortung verweist auf die moralischen Willensregungen einer ansonsten sich auflösenden Persönlichkeit, aus denen eine neue Persönlichkeit hervorwächst. Man kann vier Arten des Nirvāṇa unterscheiden. Im Hīnayāna kann man noch zu Lebzeiten nach dem Erlöschen des Verlangens zu einem Arhat werden, während das endgültige Nirvāṇa an den Tod gebunden ist und mit dem Vergehen aller Persönlichkeitsmerkmale einhergeht. Im Mahāyāna gibt es die innerweltliche Erlösung in der Existenz des Bodhisattva sowie das endgültige Verlöschen.

In diesem Zusammenhang ist auch die Frage nach der Freiheit, insbesondere der Willensfreiheit zu stellen. Denn das Karma determiniert zwar alle äußeren Umstände des individuellen Daseins, doch bleibt die Verantwortlichkeit des Einzelnen für sein Tun davon unberührt. Die Welt ist, wie es Heinrich von Glasenapp einmal formulierte, danach «nicht nur der Schauplatz, auf dem alle Taten vergolten werden, sondern auch das Purgatorium, das Schritt für Schritt zur Vollkommenheit führt.» Und er fährt fort: «Der Buddhismus ist [...] so optimistisch zu meinen, daß die Macht des Guten so viel stärker sei als die des Bösen, daß das Gute, nachdem einmal die Wurzel zu ihm gepflanzt worden ist, unablässig wächst und schließlich mit unwiderstehlicher Gewalt alle Widerstände überwindet.» (H. v. Glasenapp, Die Weisheit des Buddha, S. 65–66) Wichtig war, daß nicht die Tat oder das Werk als solches die Wiedergeburt zur Folge hat, sondern daß es auf das Wollen und die damit verbundene innere Haltung ankommt.

Ist die Lehre des historischen Buddha auch nur durch später niedergeschriebene Texte belegt, so läßt sich doch gewiß sagen, daß bereits in der Frühzeit des Ordens bestimmte Akzente in der Lehre gesetzt wurden. So steht Śāriputra für seine Weisheit, Ānanda, der Lieblingsschüler, für seinen Glauben und seine Hingabe, und Maudgalyāyana für seine magische Kraft.

2. Buddha, Dharma, Saṅgha: Das dreifache Kleinod

Konstitutiv für die Lehre und die weitere Entwicklung des Buddhismus als Religion war aber nicht der Erlösungsweg des Buddha allein, sondern der Bezug auf das Gesetz (*dharma*) und die Gemeinde (*saṅgha*). Daraus erwuchs dieser Lehre eine Stärke, die sie von jedem Dogmatismus frei hielt und die eine Befolgung des Buddhaweges in ganz unterschiedlichen Weisen ermöglichte. Seine Zuflucht zu suchen in Buddha, dem Gesetz und der Gemeinde, in den «Drei Juwelen» oder «Drei Kleinodien» (*triratna*), wurde die Grundform des buddhistischen Heilswegs. Die Formulierung der dreifachen Zufluchtsformel kam einem Bekenntnis zum Buddhismus gleich.

Buddha

Von den drei Instanzen, bei denen der Gläubige Zuflucht sucht, ist die wichtigste Buddha, der einmal als der historische Śākyamuni, Siddhārtha Gautama, erschienen war, der aber auch in anderen Erscheinungsformen vorgestellt wird. Er gilt als die Richtschnur, als der große Lehrer, auch als Erlöser, vor allem als der Erleuchtete, der Weisheit und Einsicht und die Lehre von der Überwindung des Leidens und von der Erlösung vom Rad der Wiedergeburten in die Welt gebracht hat. Er heißt der Erleuchtete, wird aber auch als die Wahrheit oder mit dem besonderen Namen Tathāgata (nach einer Deutung: «der ebenso [wie seine Vorgänger zur Wahrheit] gegangene», oder auch: «der in Barmherzigkeit zur Welt zurückgekommene») bezeichnet.

Unter dem Einfluß nachhaltiger Verehrung und natürlich auch unter unterschiedlichen kulturellen Bedingungen veränderte sich das Bild des Buddha. Seine historische Erscheinung wurde zu einer unter vielen, und so bildeten sich im Kult und in der Verehrung und auch im Zuge der Differenzierung der buddhistischen Lehre vielerlei Buddhabilder. Entsprechend mannigfach sind die Formen der Verehrung, angefangen von den Stūpas und Schreinen bis hin zu monumentalen Buddhadarstellungen, wie sie sich in ganz Asien, von Afghanistan bis nach Japan und Indonesien finden. Die Pilgerreiseberichte chinesischer Mönche seit dem 5. Jahrhundert zeichnen bereits für diese frühe Zeit ein Bild von der Mannigfaltigkeit der Verehrung innerhalb und außerhalb Chinas. Kloster- und Tempelanlagen mit Pagoden und Stūpas prägten das Bild der Hauptstädte Asiens und sind heute noch, zum Teil allerdings nur als Ruinen, zu besichtigen. Obwohl Buddha ursprünglich also nicht als Figur und auch nicht bildlich, sondern nur anikonisch symbolisiert dargestellt wurde, tritt der Buddhismus schon in früher Zeit in Form einer reichen Bildwelt in Erscheinung, bei der die einzelnen Gestalten des buddhistischen Pantheons typisierende Ausgestaltung erfahren.

Die Lehre (dharma)

Neben Buddha wurde als das andere Kleinod seine Lehre gepriesen, die als leuchtend beschrieben und mit der Blüte des Lotos (*padma*) verglichen wird. Der Lotos ist das Symbol für das durch den Kreislauf der Welt (*saṃsāra*) und das Nichtwissen (*avidyā*) unbefleckte wahre Wesen des Menschen, das durch Erleuchtung verwirklicht wird und das im Mahāyāna die Buddhaschaft im Kern jedes Einzelnen, den innewohnenden *dharmakāya*, meint. Diese Lehre also heißt «dharma» und wird mit dem gleichen Begriff *dharma* wie die nicht weiter erklärbaren Daseinsfaktoren belegt, die das Dasein des Einzelwesens ausmachen. Bei der zentralen Rolle und Vieldeutigkeit des Begriffes erstaunt es nicht, daß *dharma* von den Buddhisten oft mit dem Buddhismus gleichgesetzt wird. Und tatsächlich einigt alle Spielarten des Buddhismus die Tatsache, daß sie *dharma*-Theorien sind. Das Sanskritwort *dharma* (Pāli: *dhamma*) ist also vieldeutig und kann unter anderem Gegenstand der Erkenntnis sein als «der *dharma*, welcher Gegenstand erhabensten Wissens ist», verstanden auch als die Gesetzesordnung des Universums oder als wirkliches Ereignis. Zugleich ist der *dharma* das moralische Gesetz, die Lehre sowie die Schriften. Wichtig für den Buddhismus ist, zu erkennen, daß die erfahrbaren Dinge zunächst nur Schein sind, während die *dharmas*, die allem Sein und aller Negation zugrunde liegen, nur nach großer Anstrengung und zumeist nur nach sehr langer Bemühung erkannt werden.

Für das Leben in der Welt lassen sich aus der Lehre des Buddha eine Reihe von Tugenden ableiten, unter denen die folgenden auch als Kardinaltugenden bezeichneten fünf die bekanntesten sind: *Vertrauen, Geduld (oder Ausdauer), Wachsamkeit, Versenkung, Weisheit*. Dabei sind *Vertrauen* und *Weisheit* die Eckpfeiler. Gemeint ist das *Vertrauen* in die rettende Kraft der drei Kleinodien, des Buddha, seiner Lehre und seiner Gemeinde, das wie ein Sprung in eine andere Welt gedacht wird, wie das Überschreiten eines Stromes. Dieses Bild findet sich in dem Werk «Die Fragen des Königs Menandros (Milinda)» (*Milindapañhā* 36). Dort ist von einem Mann die Rede, der im Bewußtsein seiner Kräfte und Fähigkeiten in einem überfluteten Tal allein den tiefen und daher gefährlichen Graben überspringt und so ans andere Ufer gelangt. Ihm würden die zunächst ängstlichen Massen dann folgen. Und der Bericht zitiert aus dem Samyutta-Nikāya; «Kraft des Glaubens überquert er den Strom, / Dank der Ausdauer das Meer des Lebens; / Mit Standfestigkeit stillt er die Leiden, / Durch Weisheit erlangt er Reinheit.» Eine andere Tugend ist die Freundlichkeit. Diese erstreckt sich von der nächsten eigenen Umgebung bis hin zu den Entferntesten und selbst zu denen, die einem zuwider sind. Stets aber bedurfte es immer auch der Ermahnung, sich von allen bösen Handlungen fernzuhalten, seine eigene Güte zu praktizieren und seine Gedanken zu reinigen.

*Die Gemeinde (*saṅgha*)*

Das dritte Juwel, zu dem der Buddhist seine Zuflucht sucht, ist die Gemeinde, die zunächst die Gemeinde der Mönche, dann auch die der Nonnen und später sowohl die Ordinierten wie die männlichen und weiblichen Laienanhänger umfaßte. Daher spricht man auch von den «vier Saṅghas» oder «vier Versammlungen», den Mönchen (*bhikṣu*), den Nonnen (*bhikṣunī*), den Laienanhängern (*upāsaka*) und den Laienanhängerinnen (*upāsikā*). Die Herkunft der Mönchsgemeinde aus der Tradition der Einsiedler- und Wandermönche der Entstehungszeit blieb allerdings prägend bis in die Gegenwart, und trotz der später insbesondere in China und Japan zunehmenden Bedeutung der Laienanhängerschaft blieb lange Zeit der Mönchsweg die Grundlage für den institutionellen Buddhismus. Dies liegt auch daran, daß der Gründer Gautama Buddha diesen Weg für sich selbst gewählt und als Heilsweg verkündet hatte.

Der ordinierte Mönch, der allen Besitz aufgegeben hat, so die Regel, lebt von der Freigebigkeit der Laienanhänger oder sonstiger Geber und verfügt nur über das Nötigste, vor allem die Bettelschale. Das blieb allerdings nicht immer und überall so, denn in China etwa wurde das Betteln nicht üblich, sondern der Saṅgha stützte sich weitgehend auf Spenden sowie auf eigene Einkünfte. Der Mönch hat keine feste Unterkunft, doch er sucht sich während der Regenzeit eine Bleibe (*vihāra*), zumeist in der

Nähe menschlicher Siedlungen. Daraus wurde der übliche Wechsel zwischen Ortsansässigkeit und Wanderschaft, der in den Mönchsregeln seinen Niederschlag gefunden hat, die auch dort befolgt werden, wo ein anderes Klima herrscht und es keine Regenzeit gibt. Mehrere Vihāras können nahe beieinander liegen und so einen größeren Komplex bilden. Nicht in den Anfängen, aber schon sehr früh wurde das klösterliche Leben organisiert, was insbesondere dann erforderlich wurde, wenn Schenkungen oder dem Kloster angeschlossene Güter zu verwalten waren oder wenn einflußreiche Lehrer eine größere Anzahl von Schülern um sich scharten. Daraus entwickelten sich feste Klöster mit geplanten Anlagen sowie Vorschriften für das klösterliche Leben.

Vor allem wird das Leben der Ordinierten durch folgende zehn Gebote geregelt:

1. keine Lebewesen töten;
2. nicht stehlen bzw. nicht Gegebenes nicht nehmen;
3. keinen «unreinen Lebenswandel» führen, womit vor allem geschlechtliche Enthaltsamkeit gemeint ist;
4. Vermeiden von unrechter Rede, d. h. nicht lügen;
5. keine berauschenden Getränke zu sich nehmen;
6. nur zu festgelegten Zeiten essen, insbesondere nicht nach der Mittagsstunde;
7. nicht an Tanz-, Gesangs- oder Musikaufführungen teilnehmen;
8. keine Parfüme oder sonstigen Schmuck verwenden;
9. keine bequeme Lagerstatt benutzen;
10. keine Wertsachen wie Gold oder Geld entgegennehmen.

Der Tagesablauf eines Mönches besteht aus Meditation, Bettelgang, ritueller Waschung und Einnehmen der Mahlzeit. Diese wird mit dem Mittag abgeschlossen. Danach folgt eine Zeit des Rückzugs und dann des Lehrgesprächs oder der Beratung. Einzelne Tage werden hervorgehoben, wie der wöchentliche Fastentag und die Tage der Beichtzeremonie. Zweimal im Monat, zu Vollmond und zu Neumond, versammeln sich die Mönche zu dem sogenannten *uposatha* (skt.: *(u)poṣadha*), der Fastenzeremonie, einem Tag besonders strenger Regelbefolgung. Hierbei wird regelmäßig auch die Beichte abgelegt bzw. durch Befragung die Reinheit von Vergehen festgestellt. Diese allgemeine öffentliche Beichte, die auch zur Reinhaltung der Mönchsgemeinde und daher immer auch zur Aussonderung für unrein erklärter Mitglieder des Saṅgha führte, wurde später durch die individuelle Beichte abgelöst, für die ebenso wie für die öffentliche Beichtfeier Beichtformulare verwendet wurden. Auch die Laien befolgten eine *uposatha*-Zeremonie, wenn sie sich jeden Monat vier Tage an bestimmte Fastenregeln hielten.

Früh schon hat sich eine Kasuistik und auch eine Relativierung der Verbote entwickelt, was dazu führte, daß der Vinaya zum Kompliziertesten innerhalb des Buddhismus und das Vinaya-Piṭaka zu einem umfangreichen Teil der schriftlichen Überlieferung geworden ist. Dabei haben sich die Regelwerke in den einzelnen Kulturen unterschiedlich entwickelt, und in manchen Ländern haben sich bestimmte Schulen durchgesetzt, wie in China die Dharmaguptaka-Schule, deren Regeln dort bis in die Neuzeit eine zentrale Rolle spielen. Von allen Riten und Vorschriften für die Mönche sind die Mönchsweihe, die Ordination (*upasampadā*), und die gemeinschaftliche Rezitation der Regeln der Mönchszucht, das sogenannte Beichtformular (*prātimokṣa*), die wichtigsten. Die nach der Pāli-Tradition 227 Regeln des *Prātimokṣa-Sūtra* für Mönche (für Nonnen gelten in der Dharmaguptaka-Tradition insgesamt 348) wurden allerdings sehr unterschiedlich und auch mit verschiedenen Akzentuierungen ausgelegt und nur zu Teilen wirklich gelebt. Bei der Ordination unterscheidet man die niedere zum Novizen (*śrāmaṇera*) und die höhere zum Mönch bzw. zur Nonne. Die ursprüngliche Form der Aufnahme in den Orden durch das Scheren von Bart und Haupthaar, das Anlegen der unteren und der oberen Robe – dazu wurde ein äußeres Gewand getragen – und das Rezitieren der Zufluchtsformel war offenbar bald als unzureichend empfunden und durch kompliziertere Abläufe ersetzt worden.

Innerhalb des buddhistischen Klosters, einer Vereinigung von Individuen, die nach ihrer eigenen Erlösung und nach der Erlösung anderer streben, gab es zunächst keine Hierarchie. Trotz dieser ursprünglichen Hierarchielosigkeit bildeten sich, vor allem aus praktischen Gründen, schon in der Frühzeit des Mönchswesens unterschiedliche Strukturen aus. So wurde es etwa die Funktion des Abtes eines Klosters, die Gemeinde nach außen zu vertreten. Von besonderer Bedeutung waren immer Lehrer-Schüler-Beziehungen, die sich auch auf Enkel-Schüler auszudehnen pflegten und zu regelrechten Schul- und Traditionsbildungen geführt haben. In den Chan-/Zen-Schulen Ostasiens war dies in besonderem Maße der Fall, aber auch in den anderen Schulen des Mahāyāna-Buddhismus, in denen insbesondere seit dem 8. Jahrhundert die Patriarchenlinien allein aus Legitimationsgründen eine zentrale Rolle spielten. Bei aller Offenheit in der Anwendung der Mönchsregeln galt Klosterdisziplin als hohes Gut, und zwar einerseits, um so den Bedingungen des Heilsweges zu genügen, aber auch, um bei den staatlichen Stellen und anderen rivalisierenden religiösen und gesellschaftlichen Gruppen keinen Anstoß zu erregen und so nicht Restriktionen oder gar Verfolgungen auszulösen. Vorherrschende Meinung blieb, jedenfalls in den vormodernen Gesellschaften, daß die Mönche die Lehre bewahren, überliefern und auslegen. Erst mit der Akademisierung der Lehrüberlieferung konnte diese Rolle auch Laien zufallen.

Von Anfang an hatten auch die Laienanhänger (*upāsaka*) und -anhängerinnen (*upāsikā*, wörtl.: Dabeisitzende) eine wichtige Funktion. Denn einerseits hatte Buddha nicht nur das Heil der Mönche, sondern die Wohlfahrt aller Menschen im Auge, ja, seine Fürsorge bezog sich auf sämtliche Lebewesen, und diese Fürsorge sollten auch seine Schüler trotz ihres Lebens in Zurückgezogenheit im Auge behalten. Andererseits aber erwies sich für die Unterstützung der Mönchsgemeinde und für die Rekrutierung neuer Mönche die Laienanhängerschaft bereits in der Frühzeit des Buddhismus als unverzichtbar. In diesem Zusammenhang bildete sich auch das Konzept des Spenders (*dānapati*) heraus, denn in der Rolle des Spenders konnte sich der Laie als aktiver Buddhist fühlen. Die Abhängigkeit großer Klöster von überdurchschnittlichen Zuwendungen und zum Teil von eigenem Landbesitz führte später, und besonders in China, zu einem Konflikt zwischen Saṅgha und Staat, der in den sich modernisierenden Gesellschaften Ostasiens seit dem ausgehenden 19. Jahrhundert überall auftrat. Der Spender erwartete keine Leistungen des Klerus. Die Wendepunkte im Leben eines Laienbuddhisten erfahren auch keine besondere Beachtung durch Angehörige der Mönchsgemeinde. Einzig dem Tod kommt eine besondere Beachtung zu, und daher halten buddhistische Mönche in allen Lehrrichtungen Bestattungszeremonien ab. Diese mangelnde Funktion des institutionalisierten Buddhismus für das alltägliche Leben des Laien ist zugleich seine Stärke.

Eine Änderung des Verhältnisses zwischen Mönchsgemeinde und Laienanhängern trat insbesondere im Mahāyāna ein, als es nicht mehr nur darum ging, das Nirvāṇa zu erreichen, sondern – das Ideal des Mahāyāna – selbst Bodhisattva zu werden. Dabei erfolgte die Bekehrung zum Buddhismus in den ersten Stufen für alle auf die gleiche Weise. Nach den ersten Unterweisungen und dem grundlegenden Verständnis der vier edlen Wahrheiten und des Gesetzes der bedingten Entstehung oder des Entstehens in Abhängigkeit (*pratītyasamutpāda*) entsteht das flekkenlose «Auge der Lehre» (*dharmacakṣus*). Einmal im Besitz des «Auges der Lehre» trifft der Kandidat die Entscheidung, ob er Laienanhänger werden oder um die Mönchsweihe bitten soll. In China kam es dann sogar zu regelrechten Laienordinationen.

Im Prinzip aber gilt für alle, Mönche wie Laien, daß sie sich in einer langen Kette von Verursachungen sehen, aus der sie die Befreiung suchen. Dabei ist das Leiden nicht nur das, wovon die Befreiung erstrebt wird, sondern das Leiden ist gewissermaßen die Voraussetzung für den Weg zur Befreiung, wie dies Buddha predigte:

> Da sprach der Erhabene zu den Mönchen:
> Durch das Nichtverstehen, das Nichtdurchschauen der vier edlen Wahrheiten wurde von mir und euch diese lange Spanne des Weges durchlaufen, wurde ich wiedergeboren im Kreislauf von Geburt und Tod. Welche aber sind diese vier?
> Durch das Nichtverstehen der edlen Wahrheit vom Leiden, ihr Mönche, durch das Nichtanerkennen ist diese lange Strecke des Weges von mir wie von euch durchlaufen worden, wurden wir wiedergeboren im Kreislauf von Geburt und Tod.

Weil wir nicht die edle Wahrheit von dem Entstehen des Leidens verstanden, sie nicht durchschauten, darum ihr Mönche, ist durch mich und euch diese lange Spanne des Weges durchlaufen worden, wurden wir wiedergeboren zu immer neuer Geburt und immer neuem Tod.

Durch das Nichtverstehen, das Nichtdurchschauen der edlen Wahrheit von dem Vergehen des Leidens ist diese lange Spanne des Weges von mir und von euch durchlaufen worden, sind wir immer von neuem wiedergeboren worden zu Geburt und Tod.

Weil wir, ihr Mönche, nicht die edle Wahrheit von dem Pfade verstanden, der zum Entstehen des Vergehens des Leidens führt, und nicht durch sie hindurchgedrungen sind, darum, ihr Mönche, habe ich wie ihr diese lange Spanne des Weges durchlaufen, bin immer von neuem dahingewandert von der Geburt zum Tod.

Weil ihr, ihr Mönche, jenes edle Wissen vom Leiden, das edle Wissen von dem Entstehen des Leides, das edle Wissen von dem Vergehen des Leides, das edle Wissen von dem Pfade, der zur Entstehung des Vergehens des Leides führt, erkannt und durchschaut habt, darum, ihr Mönche, wird der Durst nach dem Werden aufgehoben. Vernichtet ist der Führer zu neuem Dasein, nicht gibt es nun ein Wiedersein. (Dīgha-Nikāya, 16, 2, 2; zitiert nach Gunsser, Reden des Buddha, S. 51–52)

Raum, Zeit und Wirklichkeit

Die Erlösungsvorstellungen beziehen sich auf den Einzelnen und weder auf die ganze Welt noch auf eine bestimmte Zeit. Zwar sind Raum und Zeit strukturiert vorzustellen, doch nach buddhistischer Vorstellung hat das Universum keinen Anfang und kein Ende, oder anders ausgedrückt: die buddhistischen Texte vermeiden Aussagen über einen Anfang und ein Ende der Welt, und vorherrschend ist die Vorstellung von einem Weltprozeß ohne Anfang und Ende. Es gibt, im Gegensatz zur Lehre vieler Brahmanen, keine Weltschöpfer oder Weltlenker. Ausgesprochene Endzeitvorstellungen sind nur in wenigen Traditionen ausgebildet worden. Die Zeit verläuft in langandauernden Zyklen, den sogenannten Kalpas, von Schöpfung, Dauer, Zerstörung oder Niedergang und Nichts oder Desintegration. Der Weltprozeß wird zumeist als in diesen vier Kalpas verlaufend vorgestellt, die auch als große Kalpas gelten, die jeweils eine

Dauer von zwanzig kleinen Kalpas haben. Die Charakterisierung der einzelnen Phasen differiert jedoch in den verschiedenen Beschreibungen. Nach manchen Berechnungen wird die nächste Phase der Weltvervollkommnung und das Erscheinen des Buddha Maitreya in fünf Milliarden Jahren erfolgen. Insgesamt strebt nach buddhistischer Vorstellung der Weltprozeß aber keinem letzten Ziel zu. Dabei ist das Weltgeschehen nicht das Spiel eines blinden Zufalls, sondern das Ergebnis der von allen Lebewesen vollbrachten Taten.

In der Mitte jedes Weltsystems, von denen es eine unvorstellbare Zahl gibt, liegt jeweils der Berg Meru, auch bekannt als Sumeru, der «Weltenberg». Im südlichen Kontinent Jambudvīpa leben die Menschen. Unter der Erdoberfläche liegen die Höllen, in denen langdauernde Qualen erlitten werden. Über dem Berg Meru wohnen die «Himmelswesen» (*deva*) und die Götter der «reinen Form», der «begierdelosen Körperlichkeit» (*rūpadhātu*) und schließlich die Bewohner des «Reinen Landes». Alles ist eingebettet in eine dem Kosmos immanente natürliche und sittliche Ordnung, in der alles Geschehen durch eine Vergeltungskausalität der Taten (*karma*) bestimmt ist. Und ebensowenig wie die Vorstellung eines ewigen Gottes gibt es die Vorstellung ewig im Strudel der Wiedergeburten beharrender Einzelseelen. Das Individuum löst sich in zahlreiche Einzelfaktoren, die fünf Daseinsgruppen (*skandhas*), auf. Wenn ein Lebewesen zerfällt, löst sich die Verbindung der die scheinbare Persönlichkeit bildenden Daseinsgruppen. Woran aber kann dann die Vorstellung vom Karma anknüpfen? Die psychischen Impulse (*saṃskāra*), auf Objekte und die eigene Persönlichkeit gerichtet, treiben das *vijñāna* der feinstofflichen Träger der Wiedergeburt in eine neue Existenz. Dieses bereits mehrfach erwähnte «Entstehen in Abhängigkeit» hat zu vielfältigen Diskussionen und Auslegungen geführt und ist oft nicht verstanden oder aber, bedingt durch religiöse Traditionen in den neuen Ländern, umgedeutet worden.

So sehr es also das Ziel ist, den durch seinen Lebensdrang immer wieder zu neuen Geburten führenden «Durst» der Begierde zu überwinden, setzt diese Überwindung, die als Erlösung aus dem Weltleiden verstanden wird, die Anstrengung des Einzelnen voraus. Indem der Einzelne die Kardinalübel Haß, Gier und Verblendung überwindet, wozu ihm der achtfache Pfad dient, gelangt er nach vielen Existenzen in einen Zustand, in dem alle Leidenschaften erloschen sind. Wer in einem solchen Zustand stirbt, fällt aus dem «Rad der Wiedergeburt» heraus. Eine gewissermaßen optimistische Wendung nahm die Karmalehre im späteren Mahāyāna, wo, wie bereits erwähnt, jedenfalls in der chinesischen Ausprägung, eine plötzliche Erleuchtung als möglich angesehen und damit dem Einzelnen das Ziel der Erlösung in greifbare und gewissermaßen selbst erlebbare Nähe gerückt wurde.

3. Heilswege, Textüberlieferung und die Entstehung einer Weltreligion

Alles ist Leiden

Die buddhistische Lehre wird, wie wir gesehen haben, in den vier edlen Wahrheiten zusammengefaßt: 1. Alles ist Leiden (*duḥkha*). 2. Der Ursprung allen Leidens ist das Begehren. 3. Es gibt ein Nirvāṇa, ein Ende des Leidens. 4. Es gibt einen Weg zum Nirvāṇa. Dies ist die Summe der buddhistischen Heilslehre, die Buddha schon in seiner ersten öffentlichen Predigt in Benares verkündet hat:

> Dies, ihr Mönche, ist die edle Wahrheit vom Leiden: Geburt ist leidvoll, Altern ist leidvoll, Krankheit ist leidvoll, Sterben ist leidvoll. Mit Unlieben vereint, von Lieben getrennt zu sein ist leidvoll. Etwas, das man sich wünscht, nicht zu erlangen, ist leidvoll – kurz, die fünf Gruppen von Daseinsfaktoren (*skandha*), die einen am Leben hängen lassen, sind leidvoll.
> Dies, ihr Mönche, ist die edle Wahrheit vom Entstehen des Leidens: Es ist der Durst, der zur Wiedergeburt führt, begleitet von Freude und Leidenschaft, hier und dort auch mit Freude verbunden, der Durst nach Sinnengenuß, der Durst nach Werden und der Durst nach Entwerden.
> Dies, ihr Mönche, ist die edle Wahrheit von dem Vergehen des Leidens: jenes Vergehen durch das restlose Aufgeben der Leidenschaft; die Entsagung, das Sich-Entäußern, das Sich-Loslösen, das Sich-Befreien von dem Durst.

Dies, ihr Mönche, ist die edle Wahrheit von dem Weg, der zur Aufhebung des Leidens führt: es ist der edle achtfache Pfad, nämlich: rechte Anschauung, rechte Gesinnung, rechte Rede, rechte Tat, rechtes Leben, rechtes Streben, rechtes Überdenken, rechtes Sich-Versenken. (Samyutta-Nikāya 56, 11,5)

Buddhas Lehre geht also vom Begriff des Leidens (*duḥkha*) aus, zu dem nicht nur jede Art von Unlustempfindung zählt, sondern alles, was empfunden wird, weil auch das, was lustvoll ist, dahinschwindet und dadurch Leid verursacht. Daraus erklärt sich auch der Satz, daß die fünf Skandhas vergänglich und daher leidvoll sind. Der leidvolle Charakter allen Daseins besteht darin, daß nichts, auch nicht die Lust, von Dauer ist. Der Heilige und der dieser Welt Entsagende sucht dagegen das Unvergängliche. Die wichtigste Ursache des Leidens ist der auch als Begierde verstandene Durst, eine der Willensregungen, die sich auf Sinnenlust, auf Entstehung und Zeugung, auf Macht richtet. Diesen Durst als Ursache des Leidens gilt es zu überwinden oder besser noch: zum Verschwinden zu bringen.

Aus dem Leiden als Folge des Begehrens weist die dritte edle Wahrheit den Weg, wenn sie sagt, daß es ein Ende des Leidens geben kann. Dies Ende ist mit dem Begriff des Nirvāṇa verbunden und bedeutet die Zerstörung der Leidenschaften und des Begehrens. Es ist gleichbedeutend mit dem Vergehen der fünf Daseinsgruppen (*skandha*) und dem Ende der Kette schmerzvoller Wiedergeburten. Dahin führt der buddhistische Heilsweg. Der befreite Heilige kann in der Existenzform des Bodhisattva gleichwohl das Erreichen des endgültigen Nirvāṇa gewissermaßen verschieben und seine Existenz fortsetzen und erst irgendwann später in das vollkommene Nirvāṇa eintreten, bis zu welchem Zeitpunkt er helfend und rettend in die Welt eingreifen und andere Lebewesen zum Heil führen kann. Das angestrebte Nirvāṇa aber ist kein Paradies, es ist nirgendwo, und dorthin führt der von Buddha gewiesene Weg, der achtfache Pfad. Bei diesem achtfachen Pfad sind alle Elemente gleichzeitig zu befolgen.

Meditation

Die Meditation (*dhyāna*) ist zu einem bezeichnenden Wesenszug des Buddhismus geworden. Sie wird in verschiedenen Formen geübt, ist aber meist verknüpft mit Rückzug und besonderen Körper-, vor allem Sitzhaltungen. Die Sammlung des Geistes (*samādhi*) nimmt ihren Ausgang zumeist von der Konzentration auf ein Objekt und führt im Idealfall zu einer Versenkung in sich selbst. Die gesammelte Aufmerksamkeit verweilt unablässig bei dem körperlichen oder geistigen Meditationsobjekt. Weitere Mittel sind bestimmte Atemübungen oder -techniken oder auch die Konzentration auf geistige Inhalte wie einen Lehrsatz oder eine Geschichte. Bei der Versenkung werden neun Stufen unterschieden, bei denen die Strömungen der Leidenschaften allmählich verebben. Die vier ersten Stufen sind die grundlegenden, während die nächsten vier nur nach jahrelanger Übung erreicht werden und die letzte, die neunte Stufe ein Stadium bezeichnet, in dem der Meditierende in eine bis zu sieben Tagen dauernde Entrückung entschwindet. In den ersten vier Stufen der Versenkung löst man sich zunächst von Begierden und sammelt sich auf das Meditationsobjekt hin; dann stellen sich Gleichmut und Wachsamkeit ein, und auf der vierten Stufe verharrt man in dem gewonnenen Zustand. Allerdings ist die Versenkung nur ein Weg, das Nirvāṇa zu erlangen.

Das Nirvāṇa, ursprünglich «ausgeweht» oder «Verwehen, Verlöschen» bedeutend, bezeichnet zunächst das Erlöschen des Feuers der Gier, des Durstes, und dann das Heraustreten aus dem Kreislauf von Werden und Vergehen. Die buddhistische Kunst stellt den in das «völlige Nirvāṇa» (*parinirvāṇa*) eintretenden Buddha als einen friedlich Ruhenden dar. Im übrigen gibt es zahlreiche Metaphern für diesen Zustand, in dem die das Individuum ausmachenden Daseinsfaktoren (*skandhas*) ausgelöscht sind. Der Erlösungsweg beginnt mit der Wahrnehmung des dreifachen Aspektes der Welt der Erscheinungen, ihrer Vergänglichkeit/Unstetheit (*anitya*; Pāli: *anicca*), ihrer Schmerzhaftigkeit (*duḥkha*) und ihrer Substanzlosigkeit (*anātman*). So wird die Verstrickung in die Welt gelöst. Auch wenn auf die Frage, ob der Einzelne überhaupt durch eigene Anstrengungen bzw. durch eigene Verdienste die Erlösung erlangen kann, verschieden geantwortet wurde, geht es niemals ohne das Zutun des Einzelnen.

Die Entstehung einer Weltreligion

In seinem Ursprung an eine aristokratische Oberschicht als seine Träger gebunden, blieb der Buddhismus nicht auf diese beschränkt. Seine soziale Herkunft indes hat mit dazu beigetragen, daß sich die Lehre offen zeigen konnte für die Welt und sich weder an eine besondere gesellschaftliche Schicht noch an eine bestimmte Morallehre binden mußte und auch nicht auf ein in Kürze bevorstehendes Weltende hinzielte, sondern einen allmählichen, schrittweisen Aufstieg des Einzelnen innerhalb des ewig sich fortsetzenden Weltprozesses lehrte. Die Lehre des Buddha richtete sich an alle Menschen, auch wenn sie, wie wir gesehen haben, das Ergebnis einer spezifischen Konstellation in Indien war. Nach dem Tod des Buddha hatte dieser eine große Zahl von Anhängern zurückgelassen, von denen die Überlieferungsgeschichte ausging. Im Mittelpunkt stand dabei zunächst die Überlieferung vom Lebensende, insbesondere das *Mahāparinirvāṇa-Sūtra*, dann die Überlieferung vom ersten Lebensabschnitt des Buddha sowie von der Zeit nach der Predigt von Benares und der folgenden über vierzigjährigen Wanderpredigttätigkeit. Nach dem Tode Buddhas bzw. seinem Eintritt in das endgültige Nirvāṇa verbreiteten sich seine Lehren im ganzen Norden Indiens. Doch erst die Niederschriften der Lehr- oder Predigttexte (*sūtra*), beginnend mit der stereotypen Wendung: «So habe ich gehört: einstmals ...», hatten die Verbreitung in fernere Regionen möglich gemacht.

Ein wesentlicher Bestandteil der Lehrüberlieferung wurden auch die Regeln für die Gemeinde. Für die Weiterentwicklung des Buddhismus wurden diese Regeln (Vinaya) deswegen so entscheidend, weil sie zur absoluten Autorität für die Mönchsgemeinde und die Laien wurden. Es galt also keine Gottheit, und es gab keine weitere äußere Gesetzgebungsinstanz. Daher bedurfte die buddhistische Gemeinde auch ursprünglich keiner Hierarchie, und in dem Erlösungsstreben stand jeder Mensch für sich. Daß es hiervon wieder abweichende Entwicklungen, etwa die Deifizierung Buddhas, gab, wurde bereits dargelegt. Auch manche später als ursprünglich angesehene Regeln waren erst das Ergebnis einer längeren Entwicklung. So war der strenge Vegetarismus, der jegliches Fleischessen verbot, erst das Ergebnis späterer Theoriebildungen und bestimmter Lebensumstände. Überhaupt wurden die Regelwerke, durchaus pragmatisch, neuen Lebensverhältnissen angepaßt.

Die Konzile, Reformbereitschaft und die Suche nach Einheitlichkeit

Diese Vielfalt des Buddhismus hatte bald das Bedürfnis nach Verständigung bewirkt und zur Einberufung mehrerer «Konzilien» (*saṅgīti*, wörtl.: «Rezitationen») geführt, von denen jedoch nur die beiden ersten von allen Schulen anerkannt werden, obwohl auch deren Historizität unwahrscheinlich ist. Die anderen Konzilien werden nur von Teilen akzeptiert. Dies gilt auch für das letzte, das sechste buddhistische Konzil von 1954–1956 in Rangoon (heute: Yangon), dessen Ziel die Erstellung eines allgemeinverbindlichen Pāli-Kanons war.

Das erste Konzil soll bereits im Todesjahr Buddhas von Mahā Kāśyapa, dem führenden Arhat der Gemeinde, in Rājagṛha (im heutigen Bihar) einberufen worden sein. Später wurde die erste vollständige Rezitierung der authentischen Texte Buddhas mit diesem Konzil verknüpft. In jedem Falle zeigt der Hinweis auf dieses und die späteren Konzilien das frühe Bedürfnis nach Kanonisierung. Ein weiterer zentraler Punkt war die im Buddhismus seither nie gelöste Frage, wem die geistliche Autorität in Lehrfragen zukomme. Zunächst machten die Arhats diesen Anspruch geltend, doch gab es trotz des Versuchs der Durchsetzung einzelner Geltungsansprüche nach Buddha niemals eine einzige Geltungsinstanz im Buddhismus, auch nicht in Gestalt der kanonisierten Schriften. Der Buddha selbst hatte es abgelehnt, einen Nachfolger einzusetzen, und diese Unentschiedenheit blieb Vorzug und Belastung zugleich, denn so wurde der Orden anfällig für Spaltungen auf Grund abweichender Auslegung seiner Regeln. Auf dem Konzil von Vaiśālī (ebenfalls in Bihar und angeblich 100 Jahre nach dem *parinirvāṇa* des Buddha veranstaltet) wurden vor allem Mönchsregeln und Organisationsfragen erörtert. Dies hat mit zur späteren Spaltung in die beiden Hauptrichtungen innerhalb des Hīnayāna geführt, die Sthaviravādins und die Mahāsāṃghikas, einer Spaltung, die auf dem möglicherweise jedoch nur legendären dritten Konzil von Pāṭaliputra zur Zeit der Herrschaft des Königs Aśoka offenkundig war. Inbesondere die fünf Thesen Mahādevas von der Unvollkommenheit der Arhats riefen eine heftige Kontroverse hervor.

Die Ausbreitung des Buddhismus unter Aśoka

Eine Wendung für den Buddhismus kam durch Aśoka, den dritten König der Maurya-Dynastie, der ein großer Förderer des Buddhismus war und von 268 bis nach 240 v. Chr. in Pātaliputra (dem heutigen Patna), der Hauptstadt seines Stammlandes Magadha, regierte. Das Wirken dieses zu den großen Herrschern der Weltgeschichte zählenden Königs ist der Nachwelt unter anderem durch zahlreiche, an Felswänden und in Steinsäulen in Karośti-Schrift eingemeißelte Edikte überliefert. Diese berichten von seinen Taten und geistigen Überzeugungen. Er nennt sich selbst bereits einen Laienanhänger (*upāsaka*). Das 13. Felsenedikt ist von besonderer Bedeutung, weil Aśoka darin nach den Eroberungen der Reichsbildungsphase die Kultivierung nach Innen vorschlägt. Auch wenn Aśoka die Buddhisten durchaus einer Kontrolle unterwarf, so war es doch seiner Politik zu verdanken, daß die buddhistische Lehre sich weltlichen Gegebenheiten anpaßte und damit «exportfähig» wurde. Vom Nordwesten Indiens her nahm die Ausbreitung ihren Ausgang und verlief zunächst vor allem über die Fernhandelswege jener Zeit. Über diese Geschichte sind wir durch spätere Reiseberichte, vor allem aber durch die Funde in den Oasen und Wüsten Zentralasiens unterrichtet.

Seit der Förderung unter Aśoka strahlte der Buddhismus weit über Indien hinaus und wurde so zu einer Religion in ganz Ost- und Südostasien, während in Indien selbst seine Bedeutung bald abnahm. So berichtet der chinesische Pilgermönch Xuanzang in der Mitte des 7. Jahrhunderts zwar von etwa 115 000 Hīnayāna- und 120 000 Mahāyāna-Mönchen in Indien, wozu in jener Zeit auch Bangladesch, Pakistan und Afghanistan zählten, und von jeweils 2000 bzw. 2500 Klöstern, doch auch von zahlreichen Ruinen, was darauf hinweist, daß der Buddhismus in jenen Gegenden bereits im Niedergang war.

Neben der Förderung von Kultstätten, Klöstern und Wallfahrtstätten durch Aśoka in großem Stil, über die uns archäologische Funde u. a. in Sāñchī, Sārnāth, Lumbinī oder Bodh-Gayā unterrichten, trug dieser Herrscher, der zum Urbild des Förderers, wörtlich: des Almosengebers (*dānapati*), wurde, auch zur Entstehung eines buddhistischen Kanons bei, der dann nach Überlieferungen aus Śrī Laṅkā im 1. Jahrhundert v. Chr. in seiner dreigeteilten Form als Tripiṭaka in Erscheinung trat, die er in der Folge beibehielt. Seine endgültige Fassung in der Pāli-Version erhielt er im 5. Jahrhundert in Śrī Laṅkā durch Buddhagosa.

Die kanonische Überlieferung: das Tripiṭaka

Eine Voraussetzung für den Heilsweg war die Überlieferung der Reden und der Lehren des Buddha und seiner Schüler, die Weitergabe der Lehre, die im chinesischen Kontext dann auch im Bild der «Weitergabe des Lichts» oder der «Weitergabe einer Lampe» (chin.: *chuandeng*) formuliert wurde. In manchen Werken der nichtkanonischen Literatur wird darüber hinaus der Heilsweg einzelner Persönlichkeiten geschildert. Als Beispiel sei hier der in Nordwestindien entstandene Dialog «Die Fragen des Königs Menandros (Milinda)» (*Milindapañhā*) genannt, eines der wichtigsten Werke der buddhistischen Literatur. Es handelt sich um die Unterredung des in westlichen Quellen (bei Plutarch) erwähnten Herrschers Menandros (um 150 v. Chr.) mit dem buddhistischen Mönch Nāgasena. Darin werden schwierige Fragen der Lehre erörtert, etwa die Lehre vom Nicht-Ich, warum Buddhas Reliquien (*śarīra*) verehrt werden, wie Buddha von ihm selbst erlassene Regeln wieder habe ändern können, warum er auf bestimmte Fragen nicht geantwortet habe, aber auch ganz praktische Themen wie Meditationstechniken.

Zu den vielen ungelösten und zumeist auch nicht lösbaren Widersprüchen des Buddhismus gehört, daß die Lehre des Buddhismus einerseits die Lösung aus der Verstrickung in die Welt predigt, andererseits aber als Buchreligion sich in der schriftlichen Überlieferung manifestiert und gebunden bleibt an den zeitlichen und räumlichen Charakter der Sprache und ihrer schriftlichen Manifestation. Nicht daß dies nicht im Buddhismus selbst bald erkannt worden wäre, und einzelne Denkbewegungen sowie Reforminitiativen haben von der Wahrnehmung dieses Widerspruchs ihren Ausgang genommen und in einem Falle zu einer besonderen Ausprägung des Buddhismus, dem Chan bzw. Zen, geführt, wovon noch im einzelnen die Rede sein wird. Auch wurde früh darauf hingewiesen, daß Buddha mit «vielen Stimmen» gesprochen habe, was selbstverständlich in übertragenem Sinne gemeint war, womit aber auch gesagt war, daß nicht alle Lehren des Buddha für jeden in gleichem Maße und zu gleicher Zeit anwendbar seien. Man unterschied durchaus zwischen verschiedenen Stufen der Empfänglichkeit für die Weisheit, was in der Umkehrung dann auch dazu führte, bestimmte Lehren einem niedrigeren kulturellen Entwicklungsstand zuzuordnen.

Für die Kenntnis des Buddhismus, seiner Lehren und seiner Geschichte aber bleiben die Aufzeichnungen der Lehrreden Buddhas, die Kommentare und auch die historischen Berichte grundlegend. Hinzu kommen die Monumente wie Steininschriften und Reliquiare beinhaltende Stūpas sowie die Kunstwerke. Bei aller Bedeutung dieser schriftlichen und materiellen Überlieferung ist immer auch die unmittelbare Unterweisung und die Praxis der Meditation ein wesentlicher Zugang gewesen, der insbesondere in den überlieferungskritischen Lehrtraditionen, namentlich in der Chan-Lehre, eine zentrale Rolle spielt.

Der Buddhistische Kanon ist in mehreren Sprachen überliefert und gliedert sich gewöhnlich in die «Drei Körbe» (Tripiṭaka), die Lehrreden (Sūtra-Piṭaka), die Disziplinarregeln (Vinaya-Piṭaka) und die dogmatischen Abhandlungen (Abhidharma-Piṭaka). Der wichtigste Teil des «Dreikorbs» ist das Sūtra-Piṭaka als Hauptquelle für die Erforschung der ursprünglichen buddhistischen Lehre. Es gliedert sich im Pāli-Kanon in fünf Einzelsammlungen: Dīgha-Nikāya, Majjhima-Nikāya, Saṃyutta-Nikāya, Aṅguttara-Nikāya und Khuddaka-Nikāya. Dem Ausdruck *nikāya* des Pāli-Kanons entspricht der Begriff *āgama* im Sanskrit. Dem Dīgha-Nikāya des Pāli-Kanons entspricht der Dīrghāgama. Diese Gliederung bezieht sich nicht auf den Inhalt, sondern, jedenfalls bei den ersten vier Einzelsammlungen, auf den Umfang der erhaltenen Texte. So finden sich im Dīgha-Nikāya 34 sehr ausführliche Einzelwerke (Pāli: *sutta*), während der Majjhima-Nikāya 152 Suttas von mittlerer Länge versammelt. Der Khuḍḍaka-Nikāya hat eine Sonderstellung und enthält 15 Werke, darunter das berühmte und sehr früh in Europa bekannt gewordene, aus 426 Versen bestehende *Dhammapada*. – Das Vinaya-Piṭaka ist der Kanon für Pflicht, Zucht und Ordnung und regelt das Leben der Gemeinde und des einzelnen Mönches und Laien. – Der dritte und jüngste der Körbe ist das Abhidharma-Piṭaka, das auch als «Kanon der Scholastik» oder «Korb der besonderen Lehre» bezeichnet wird. Von der nichtkanonischen Pāli-Literatur, bei der es sich überwiegend um Kommentare von Theravāda-Mönchen handelt, ist bereits der *Milindapañhā* als Besonderheit erwähnt worden. Trotz der sprachlichen und historischen Auffächerung sind die Lehren des Sūtra-Piṭaka und die des Vinaya weitgehend Allgemeingut für alle buddhistischen Schulen und datieren ihrem Kern nach in die Zeit zwischen dem Ersten und dem Zweiten Konzil, haben aber auch nach dem Zweiten Konzil noch wichtige Ergänzungen erfahren.

Erstmals wurde der auf dem dritten Konzil festgelegte Kanon in Śrī Laṅkā im 1. Jahrhundert v. Chr. schriftlich niedergelegt; hierbei handelt es sich um die von Mönchen der hīnayānistischen Theravāda-Schule («Lehre der Ordensältesten») bewahrte Pāli-Version. Nach einer anderen Tradition wurde der erste Kanon, nun in Sanskrit, unter der Schirmherrschaft des Königs Kaniṣka im 2. Jahrhundert n. Chr. während einer als Viertes Konzil bezeichneten Zusammenkunft festgelegt. Neben dem Pāli-Kanon entstanden als Folge neuer Ideen, etwa der Vergöttlichung Buddhas und der von der Negierung des Ichs ausgehenden Vorstellung von der vollständigen Leere der Welt, Werke in einem buddhistischen Sanskrit. In jedem Falle ist davon auszugehen, daß die ersten Texte der buddhistischen Überlieferung in mittelindoarischen Dialekten (Prākrit), darunter dem Pāli, überliefert wurden, also in Sprachen, die sich vom Sanskrit ableiten, tatsächlich aber eigene Entwicklungen darstellen und auf vedische Dialekte zurückgehen. Als «Buddhistisches Sanskrit» bezeichnete man die Sprache aus dem Prākrit übersetzter Texte (viele von ihnen solche der Sarvāstivādins), während als «Hybrides Sanskrit» Texte charakterisiert werden, in denen Sanskrit und Prākrit miteinander vermischt verwendet werden, was oft in Texten der Mahāsaṃghikas der Fall ist.

Der Umfang des Kanons führte dazu, daß kaum einzelne Mönche alle Texte im Gedächtnis behalten konnten, und so hatte sich bereits während der Phase der mündlichen Überlieferung eine Spezialisierung unter den Mönchen herausgebildet, die auch nach der schriftlichen Niederlegung der Texte beibehalten wurde und spätere Schulenbildungen begünstigte, die allerdings auch eine Folge der räumlichen Verbreitung der Lehre waren. Nach China kamen die ersten Mahāyāna-Texte im 1. Jahrhundert n. Chr., als indische Mönche dorthin Texte mitbrachten. Die Verbreitung von Texten nach Osten, auch die Suche solcher Texte durch chinesische Pilgerreisende, von denen Faxian (reiste von 399–413), Xuanzang (629–645) und Yijing (reiste 671–695) besonders bekannt durch ihre Reiseberichte wurden, kennzeichnet das ganze erste nachchristliche Jahrtausend.

Bereits im 2. Jahrhundert n. Chr. und möglicherweise sogar schon früher wurden die ersten Schriften des Buddhismus ins Chinesische übersetzt. Hier ist vor allem An Shigao zu nennen, jener Parther, der im Jahr 148 n. Chr. in Luoyang, der Hauptstadt des Han-Reiches, eintraf und dort zum wichtigsten Übersetzer buddhistischer Texte seiner Zeit wurde. Ob er zur Verbreitung des Buddhismus dorthin kam oder ob er ursprünglich vom Parther-König als Geisel an den Han-Hof entsandt worden war, ist eine ungeklärte Frage. Folgenreich aber war sein Entschluß, nicht nur Texte der von ihm selbst favorisierten Richtung des Mahāyāna zu übersetzen, sondern auch Texte aus der Tradition des «Kleinen Fahrzeugs». Während der folgenden Jahrhunderte wuchs der Umfang nicht nur der Übersetzungsliteratur, sondern auch die Zahl der in China selbst verfaßten Auslegungen und Kommentare, Mönchsbiographien und Lehrschriften derart an, daß bereits im 4. Jahrhundert von dem einer konfuzianisch orientierten Gelehrtenfamilie entstammenden Mönch Dao'an (312–385) eine Bibliographie mit dem Ziel der Ordnung und Kanonisierung des Schrifttums verfaßt wurde. Diese Bibliographie ist nicht erhalten, doch erfährt man darüber einiges von dem großen buddhistischen Gelehrten und hauptstädtischen Mönch Sengyou (445–518), von dem wir auch die frühesten Nachrichten über die Zusammenstellung eines buddhistischen Kanons in China und den überhaupt ältesten erhaltenen Katalog des Tripiṭaka haben. Ob die Kanonisierung der buddhistischen Schriften eine Reaktion auf die Zusammenstellung eines Kanons von seiten der Daoisten war oder umgekehrt, läßt sich nicht schlüssig entscheiden. Die Nähe zwischen älteren in China unter der Bezeichnung Daoismus subsumierten religiösen Praktiken und Glaubensvorstellungen zu der indischen Lehre des Buddha ließ beide Lehren in den Augen vieler Zeitgenossen zunächst nur als Varianten einer im Grunde gleichen Lehre erscheinen. Es spricht vieles dafür, daß die Kanonisierung der Schriften bei den Buddhisten wie bei den Daoisten eine Folge des Bedürfnisses nach Legitimation gegenüber den wieder erstarkenden konfuzianischen Tendenzen war. Die Herkunft der Texte der beiden Kanons war jedoch unterschiedlich. Während die Buddhisten das in Indien zuerst verkündete Wort Buddhas in den Vordergrund stellten – wovon sie später allerdings zum Teil wieder abgingen –, sammelten die Daoisten nicht die Worte eines Lehrers, sondern vor allem geoffenbarte Texte. Der überwältigende Beitrag Chinas zur Überlieferung der Lehre des Buddha ist jedenfalls dieser Bemühung um Kanonbildung zu verdanken und zugleich dem Umstand, daß das erste nachchristliche Jahrtausend gekennzeichnet ist durch ein nahezu unvorstellbares Ausmaß an Übersetzungen buddhistischer Texte aus dem Sanskrit, dem Buddhistischen Sanskrit und dem Gāndhārī, einer mittelindischen Sprache des Nordwestens, ins Chinesische sowie durch eine eigene buddhistische Kommentarliteratur. Die Verbreitung der Lehre erforderte zudem einen volkstümlichen Predigtstil, der ganz entscheidend zur Entwicklung einer eigenständigen Erzählliteratur in China beigetragen hat. Diese religiöse Literatur und die Nachfrage nach zahlreichen Kopien eines Textes beförderte in China in entscheidendem Maße die Vervollkommnung des Buchdrucks mit Holzplatten. So ist es kein Zufall, daß es sich bei dem ältesten überhaupt erhaltenen Beleg des Buchdrucks um einen von Holzplatten auf eine Maulbeerbaumpapierrolle gedruckten und auf die Zeit zwischen 704 und 751 datierten Text des *Dhāraṇī-Sūtra* aus China handelt. Er wurde 1966 in einem Stūpa im Pulguk-sa-Tempel in Kyongju (Korea) entdeckt und befindet sich heute in Princeton.

Seit dem 8. Jahrhundert gab es auch Übersetzungen ins Tibetische. Diese und andere frühe Übersetzungen sind für den Buddhismus insgesamt von besonderer Bedeutung, weil viele der übersetzten Texte danach nur noch in dieser Übersetzung und nicht mehr in ihrer Ursprungssprache erhalten geblieben sind. Manche als Übersetzungen deklarierte Texte sind jedoch im Chinesischen bzw. Tibetischen verfaßt und geben nur vor, Übersetzungen zu sein. Solche Texte gehören in die umfangreiche Gattung der pseudo-kanonischen oder apokryphen Werke. Einige solcher Texte erhielten kanonischen Status, sind aber heute eindeutig als apokryph identifizierbar, weswegen ich sie als «neukanonisch» bezeichnen möchte. Sie entfalteten in einigen Fällen außergewöhnlich große Wirkung, weil sie zugleich autochthone religiöse Traditionen einbanden. Dazu gehören etwa Texte über die Ruhigstellung Hungriger Geister, an die sich dann Erzählungen anschließen konnten, wie etwa jene von dem Mönch Mulian (Maudgalyāyana), der seine Mutter aus der Hölle errettet, ein Erzählstoff, der bis in die Gegenwart immer wieder neu ausgeschmückt wurde. Von den größeren Veränderungen der Lehre, die je ihre eigenen apokryphen Literaturen hervorbrachten, sind besonders das frühe Mahāyāna und die Tantra-Lehren zu nennen, von denen noch die Rede sein wird.

Die größte Überlieferung buddhistischer Texte in einer indischen Sprache ist die bereits erwähnte Sammlung von Texten der Theravādins («Lehre der Ordensältesten») in Śri Laṅkā in dem Pāli genannten Mittelindoarischen. Im Gegensatz zum in China bereits im 10. Jahrhundert gedruckt vorliegenden buddhistischen Kanon auf Chinesisch wurde der Pāli-Kanon aber nur handschriftlich überliefert und erstmals 1893 auf Befehl König Chulalongkorns in Thailand gedruckt, wo der Theravāda-Buddhismus durch die Begegnung mit der ihm anhängenden Mon-Bevölkerung und den Burmesen Einzug gehalten hatte. Die moderne Wissenschaft bezieht sich in hohem Maße auf den in lateinischer Schrift herausgegebenen Text der 1881 in London gegründeten «Pali Text Society». Für die Textüberlieferung in chinesischer Sprache sind ein in Korea gedruckter und zum Teil heute noch in Form von Holzplatten überlieferter Kanon sowie mehrere andere Druckausgaben herangezogen werden, auf die sich die modernen Ausgaben des 20. Jahrhunderts stützen, von denen die bekannteste der in Japan während der Taishō-Ära (1915–1926) gedruckte 100-bändige Kanon *Taishō shinshū daizōkyō* ist.

Zum Zusammenhalt des Buddhismus trotz aller Unterschiedlichkeit der einzelnen Lehren und Schulen trug auch der Umstand bei, daß dem zu Recht beanspruchten universalen Charakter der buddhistischen Ethik entsprechend die Vorschriften auf alle Menschen gleichermaßen Anwendung finden können. Sie verlieren ihre Geltung nicht gegenüber Angehörigen anderer Völker, Schichten oder Religionen. Der Buddhismus glaubt nicht an die Ewigkeit eines Volkes, einer Kirche oder einer Gesellschaftsordnung, sondern sieht darin nur Verbände von Einzelwesen, die lediglich vorübergehend Bestand haben. Für die Einzelwesen, die sich in unterschiedlichen Stadien der geistigen Vervollkommnung und in jeweils spezifischen Umgebungen befinden, gibt es unterschiedliche Vorschriften. Dies spiegelt sich auch darin, daß dem Laien weniger sittliche Pflichten auferlegt werden als dem Mönch.

II. Das «Kleine Fahrzeug»: Buddhismus in Indien, Śrī Laṅkā, Hinterindien und Südostasien

1. Die frühe Vielfalt des Buddhismus

Entwicklung von Schulen

Was für den «Eingeweihten», der sich einem Lehrer oder einer Lehre bereits angeschlossen und damit abgefunden hat, daß es neben «seinem» Buddhismus noch andere Lehrtraditionen gibt, kein Problem darstellt, ist für jeden allgemein Interessierten durchaus problematisch, nämlich die bereits mehrfach angesprochene Vielfalt des Buddhismus. Die wichtigsten Unterscheidungen sind die zwischen dem älteren und dem späteren Buddhismus sowie die Gegenüberstellung von «Kleinem Fahrzeug» und «Großem Fahrzeug». Die Bezeichnung des «Kleinen Fahrzeugs» erklärt sich zwar zunächst aus einer Haltung der Überheblichkeit der Vertreter des «Großen Fahrzeugs», hat aber einen realen Grund in der engen Verbundenheit mit der frühesten indischen Überlieferung. Denn von Indien, wo die buddhistische Lehre ihren Ursprung hatte und wo es nur eine wirklich große Glanzzeit des Buddhismus gab, nämlich die Zeit der Maurya-Dynastie (321–185 v. Chr.), von Indien also nahm die Verbreitung der Lehre ihren Ausgang, gelangte in angrenzende Länder und erlebte in der als Mahāyāna bezeichneten Ausprägung lang andauernde Erfolge. Doch blieb die indische Kultur die Wiege des Buddhismus, von dort leiten sich letztlich alle religiösen Strömungen des Buddhismus her und dort suchten noch Jahrhunderte später Buddhisten aus aller Welt die Ursprünge ihrer Lehre und erhellende Textüberlieferungen hierzu zu erlangen.

Pilger aus allen Gegenden Asiens besuchten die heiligen Stätten des Buddhismus in Indien und verbreiteten die Lehre in alle Richtungen. Auch Angehörige der nach Indien einfallenden fremden Völker übernahmen den Buddhismus: Parther, Skythen,

Griechen. Darunter soll sich auch, der buddhistischen Überlieferung zufolge, der griechische König Menandros (Milinda, um 150 v. Chr.) befunden haben. Hier, etwa bei dem Skythenvolk der Śakas und bei den Yuezhi, welche sich dem Buddhismus anschlossen, sind auch die Anfänge des Buddhismus in Zentralasien zu sehen. Während der von den Yuezhi geprägten sog. Kuṣāṇa-Periode (ca. 50 bis 320 n. Chr.) beeinflussten die Schulen von Gandhāra und von Mathurā den indischen Buddhismus sehr stark und insbesondere die buddhistische Kunst, namentlich die Plastik, die von dorther einen Siegeszug nach Ostasien antrat.

Es war bereits in jener Zeit, aus der wir nur spärliche schriftliche Überlieferung haben, daß sich der Buddhismus aufspaltete in unterschiedliche, zum Teil einander widerstreitende Schulen und Lehrtraditionen. Daher ist die Grundlage der Überlieferung der später und bis heute so großen Vielfalt oft nicht mehr zu überprüfen. Trotz heftigster Rivalitäten und Richtungsstreitigkeiten, wie sie ja bereits die ersten Konzilien prägten, beruht jedoch die «Einheit» des Buddhismus in der Anerkennung des wie auch immer gedeuteten historischen Buddha als Gründergestalt. Und in China wurde tatsächlich von der «Lehre des Buddha» (*fojiao*) gesprochen.

Neben der großen Unterscheidung zwischen Hīnayāna und Mahāyāna gibt es weitere Differenzierungen. Im Hīnayāna unterscheidet die Überlieferung zumeist 18 verschiedene Richtungen, von denen allerdings nur etwa sechs größere Bedeutung erlangten, von denen die Theravādins, die Mahāsāṃghikas und die Sarvāstivādins wiederum die wichtigsten sind. Als das erste große Schisma gilt die Entzweiung der Theravādins und der Mahāsāṃghikas («Lehre der Großen Gemeinde/des Großen Rates»), die in ihrer Begründung wie alle späteren Unterscheidungen auf die Lehre Buddhas selbst zurückgeführt wird (und wohl auch tatsächlich in der Widersprüchlichkeit der ‹ursprünglichen Lehre› begründet war), die sich aber erst im dritten Jahrhundert v. Chr. ausprägte. Hintergrund war eine unterschiedlich strenge Auslegung der Lehre und der Grad der Betonung des Mönchsweges. Die nach ihrem Selbstverständnis besonders strenge Theravāda-Richtung wurde in den zwei vorchristlichen Jahrhunderten in Südindien und in Śrī Laṅkā (Ceylon) zur vorherrschenden Lehre. Diese Richtung wurde innerhalb des Hīnayāna zur stärksten Kraft und bestimmt heute noch die religiösen Traditionen in Śrī Laṅkā (Ceylon), Myanmar (Birma), Thailand, Laos und Kambodscha. Der bedeutendste Lehrer dieser Richtung war Buddhaghosa, ein Brahmane, der sich nach seiner Bekehrung zu Beginn des 5. Jahrhunderts n. Chr. in das damalige Zentrum buddhistischer Gelehrsamkeit, das Kloster Mahāvihāra in Anurādhapura auf Śrī Laṅkā begab, wo er einen großen Teil des Pāli-Tripiṭaka kommentierte und sein wichtigstes Werk, den *Visuddhimagga* («Weg der vollständigen Reinheit»), verfaßte.

Von der Theravāda-Richtung leiteten sich weitere Schulen ab, die Sarvāstivādins, die Vibhajyavādins, die Mahīshāsakas und die Dharmaguptakas. Von diesen erlangten die Sarvāstivādins die größte Bedeutung, die neben dem Theravāda auch die größte Textüberlieferung der hīnayānistischen Schulen etablierten. Vasubandhu verdanken wir die großen Synthesen aus den Kommentaren dieser Schule, namentlich den *Abhidharmakośa*. Die Sarvāstivādins gingen, wie ihre Bezeichnung schon sagt («Die Lehre von der Existenz aller Dinge»), von der gleichzeitigen Existenz aller Dharmas auf allen drei Zeitstufen aus, während die zusammengesetzten Wirklichkeiten vorübergehenden Charakters seien.

Die andere Schule, die bereits erwähnten Mahāsāṃghikas, gab in den Jahrhunderten um Christi Geburt die stärksten Impulse zu Veränderungen. Sie deutete Buddha eigentlich erst zu einem außerirdischen Wesen um und gab auf diese Weise der Verehrung einen höheren Stellenwert als der Askese und öffnete so den Buddhismus erst den religiösen Bedürfnissen größerer Massen. Diese Schule mit ihrer zentralen Schrift Mahāvastu (wörtl.: «Die große Sache»), die Teile enthält, welche zu den ältesten buddhistischen Texten überhaupt zählen, entwickelte zugleich das Konzept der Leere (*śūnyatā*) weiter, das zu einem der zentralen Elemente der Mahāyāna-Tradition werden sollte, wie sie von dem bedeutenden Lehrer Nāgārjuna rational begründet und argumentativ abgesichert wurde. Somit ging die Lehre der Mahāsāṃghikas in wesentlichen Teilen in dem Mahāyāna auf.

Bevor von dem Eindringen und der Übernahme des Buddhismus in einzelnen Ländern die Rede sein kann, muß also von der Aufspaltung der Lehre in Indien selbst gesprochen werden, wozu auch die Entstehung des «Großen Fahrzeugs», des Mahāyāna gehört. Bei einer der Sondergruppen, die sich durch eine eigenständige Weiterentwicklung des Beichtformulars auszeichneten, den bereits erwähnten sogenannten Mahāsāṃghikas, kamen offenbar die später im Mahāyāna wichtigen Vorstellungen von Buddhas und Bodhisattvas auf. Erwähnt sei an dieser Stelle auch die Unterscheidung in einen «Nördlichen» und einen «Südlichen» Buddhismus. Damit sind die sich auf Texte in Sanskrit, Buddhistischem Sanskrit und Gāndhārī beziehende Tradition einerseits und die sich auf die Pāli-Text-Überlieferung beziehende Tradition andererseits gemeint, keineswegs aber eine Gegenüberstellung von Hīnayāna und Mahāyāna, denn diese Richtungen sind beide in den nördlichen wie in den südlichen Überlieferungen repräsentiert.

Vielzahl der Buddhas

Der Formenreichtum des Buddhismus ist nicht zu verstehen ohne die Vielzahl von Buddhas, von denen schon in frühen Texten die Rede ist und von denen bereits Buddha selber sprach, als er von seinen früheren Existenzen berichtete. So weiß das *Mahāvadāna-Sūtra* von sechs Buddhas vor dem «historischen» Buddha Gautama, und andere Überlieferungen wissen von weit mehr. Auch wenn diese Berichte die Signatur von Projektionen der Buddhavorstellung in die Vergangenheit tragen, wurden sie doch wirkungsmächtig in der Entwicklung der Lehre. Zum Teil repräsentieren diese Berichte auch Glaubenstraditionen, die bis zur Erklärung einer spezifischen Form des Buddhismus durch König Aśoka parallel zu der dadurch erst privilegierten Lehre bestanden und daher selbst auf eine lange eigene Tradition verweisen können. Die Vorstellung früherer Buddhas, die jeweils als einzelne in einer Zeit des Niedergangs erschienen sein sollen, bildete zugleich die Grundlage für die Vorstellung von zukünftigen Buddhas oder Buddhas zukünftiger Weltzeitalter, von denen die Gestalt des Buddha Maitreya eine besondere Rolle spielen sollte. Die Annahme vieler Buddhas unterschiedlicher Zeiten wurde zu einem tragenden Element des Mahāyāna, weil sie Anknüpfungspunkte und Legitimation für neue Lehren bereitstellte.

Neben den Buddhas der Vergangenheit und den zukünftigen Buddhas gab es auch, vor allem in den esoterischen Traditionen, etwa in Tibet, die Vorstellung von Buddhas der Gegenwart, von «lebenden Buddhas». In Japan ist dieser Status etwa Kūkai, auch bekannt als Kōbō-Daishi (774–835), dem Gründer der Esoterischen Shingon-Schule, zugeschrieben worden, dessen Verehrungszentrum auf dem Berg Kōya bis heute von dieser Tradition Zeugnis ablegt.

Die buddhistischen Glaubens- und Lehrrichtungen paßten sich bei der Verbreitung der Lehre in anderen Ländern und Kulturen diesen an, insbesondere seit mit der Herrschaft Aśokas eine verstärkte Missionstätigkeit eingesetzt hatte, und seit der Zeit um Christi Geburt fand die Lehre Aufnahme in nahezu allen Ländern, die von Indien aus zu erreichen waren. Dabei waren in manchen Ländern das Mahāyāna, in anderen der Theravāda besonders erfolgreich.

2. Die philosophischen und die literarischen Traditionen

Die philosophische Tradition

Immer wieder neues Nachdenken über die Zusammenhänge der Welt, die Wahrnehmung der Welt, über Zeit und Raum und über deren Bedingtheit hat eine reiche philosophische Überlieferung im Buddhismus entstehen lassen. Dabei wurde auch stets die Frage nach dem richtigen Handeln in der Welt und dessen Begründung gestellt. Zu sämtlichen philosophischen Disziplinen und Denkrichtungen finden sich spezifisch buddhistische Entsprechungen, doch ein interkultureller philosophischer Dialog ist erst in Ansätzen zu erkennen. Besonders erwähnenswert sind die Leistungen der erkenntnistheoretisch-logischen Schule (Pramāṇavāda), etwa Dignāgas formale Logik und deren Fortführung durch Dharmakīrti (600–660). Vasubandhu gilt als Begründer einer Philosophie des buddhistischen «Idealismus» (Vijñānavāda).

Die poetische Seite der Lehre

Ebenso wie sich an die Lehren Buddhas systematische Auslegungstraditionen und philosophische und insbesondere erkenntnistheoretische Theoriebildungen angeschlossen haben, so hat seine Lehre auch eine poetische Seite, die ihr von Anfang eigen gewesen war, die ihr dann aber auch durch spätere Werke zuwuchs. Viele der aus der Frühzeit des Buddhismus stammenden Texte und insbesondere ein geradezu unübersehbarer Reichtum an Dichtungen und Erzähltraditionen werden auf Buddha selbst zurückgeführt. Zahllose Märchenstoffe und Motive, deren Anfänge in Indien liegen, sind mit dem Buddhismus und in einer der indischen Sprachen in die Welt hinaus gelangt, wo sie dann in andere Sprachen übertragen wurden. Der Buddhismus wurde also nicht nur in vielen Sprachen verbreitet und praktiziert, sondern er hat auch wesentliche Beiträge zu den Literaturen der einzelnen Sprachen geleistet. Dies gilt für China, für Japan und andere Länder Ostasiens und ganz besonders auch für die Länder und Völker Zentralasiens und bezieht sich nicht nur auf die Märchen und die Erzähltraditionen, sondern auch auf die Dichtung im engeren Sinne und die Dichtungstheorie. So enthält etwa der Pāli-Kanon mehrere Lehrgedichtsammlungen. Darunter sind die bekanntesten Werke *Dhammapada* und *Suttanipāta*, die im Khuddaka-Nikāya überliefert sind. Viele dieser Texte wurden auswendig gelernt und lange Zeit mündlich überliefert, und sie dienten oft als Grundlage zur Meditation. Einige Zeilen aus dem *Dhammapada* in der deutschen Übersetzung von R. O. Franke lauten:

> Das Denken macht's, der Geist allein
> Bestimmt der Wesen Art und Sein:
> Und wer durch Wort und Tat beweist,
> Daß beides quillt aus bösem Geist,
> Dem folgt das Leid auf seinem Pfad
> Gleichwie dem Zugtierhuf das Rad.

Das Denken macht's, der Geist allein
Bestimmt der Wesen Art und Sein:
Und wer durch Wort und Tat beweist,
Daß beides quillt aus reinem Geist,
Des Wohlergehn dem Schatten gleicht
Der nicht von seinen Fersen weicht.
(Dhamma-Worte, verdeutscht von R. O. Franke. Jena: Diederichs 1923, S. 29–31.)

In dem wohl berühmtesten Gedicht der Theravāda-Buddhisten aus dem «Sūtra über die Güte», überliefert im *Suttanipāta*, wird sämtlichen Lebewesen Glück gewünscht. Aber auch unter den Dichtungen zum Leben Buddhas im engeren Sinne finden sich Werke von hohem literarischem Rang wie etwa das Gedicht «Leben des Buddha» (*Buddhacarita*) des Aśvaghoṣa (2. Jh. n. Chr.), in dem die Versuchung Buddhas durch Māra, die Personifikation des Bösen, von Tod und Begehren, geschildert wird.

Einen großen Raum nimmt die Jātaka-Literatur ein, jene Erzählungen, die von Begebenheiten aus den früheren Leben Buddhas berichten und über Jahrhunderte die Lehren des Buddhismus unter den Menschen verbreitet haben. Diese Jātaka-Literatur steht stofflich in vielfältiger Verbindung zu dem indoeuropäischen Märchen- und Legendenschatz. Neben den zahlreichen Berichten aus früheren Existenzen Gautama Buddhas, den im Kern als Verserzählung gefaßten Jātakas, deren Absicht die Verdeutlichung des Prinzips der karmischen Vergeltung ist, ist auch eine umfangreiche Gleichnisliteratur ins Chinesische übersetzt worden. Diese Gleichnisse (*avadānas*) dienten zur Veranschaulichung der unterschiedlichsten Lehrinhalte. Noch älter als die erste chinesische Übersetzung von Berichten aus früheren Existenzen Gautama Buddhas, die 91 solcher Jātakas enthaltende «Kanonische Schrift über die Sechs Vollkommenheiten» (*Liudu ji jing*) des sogdischen Mönches Kang Senghui (gest. 280 n. Chr.), sind Übersetzungen von Avadāna-Sammlungen.

Unter allen größeren Werken von literarischem Rang ist das *Lotos-Sūtra* (Sanskrit: *Saddharmapuṇḍarīka-Sūtra*; Chinesisch: *Miaofa lianhua jing*) an erster Stelle zu nennen, der zentrale Text des in Ostasien vorherrschenden Mahāyāna-Buddhismus. Jan

Hendrik Kern hatte bereits 1884 eine vollständige englische Übersetzung der Sanskrit-Version (datiert 1039 n. Chr.) vorgelegt. Dieses *Lotos-Sūtra* war erstmals von dem Indoskythen Dharmarakṣa im Jahre 286 und dann von Kumārajīva (344–413) im Jahre 406 ins Chinesische übersetzt worden und entfaltete in dieser Fassung bis in unsere Tage vielleicht die größte Wirkung, die ein buddhistischer Text je ausübte.

Buddhistische Werke und Literatur unter indischem Einfluß

In China sind die Verbindungen und gegenseitigen Beeinflussungen zwischen der religiösen Literatur der Buddhisten und der Daoisten von Anfang an vielfältig und sehr groß gewesen, so daß bereits bei den frühen buddhistischen Übersetzungen daoistische Begriffe verwendet wurden und zugleich bestimmte buddhistische Vorstellungen ihren Niederschlag in daoistischen Texten fanden. Dies war auch für die Verbreitung der Lehre von großer Bedeutung und spielte insbesondere für die Entwicklung und breite Akzeptanz des Chan/Zen eine entscheidende Rolle. Die besondere Wirkung der buddhistischen Lehr- und Verkündigungspraxis sowie ihrer Auslegungstechnik zeigte sich aber vor allem seit der Tang-Zeit, in der wir eine Verbindung von indischen Schauspiel- und Theatertechniken mit der Verbreitung der buddhistischen Lehre finden, so daß manche die These vertreten haben, das chinesische Singspiel und das Theater hätten ihre Wurzeln in Indien.

Der Verbreitung der buddhistischen Wundergeschichten diente auch die erwähnte Übersetzung des *Lotos-Sūtra*, das unter anderen von der Gestalt des Nothelfers Avalokiteśvara (chin.: Guanyin) handelt, die im 24. (in Kumārajīvas Übersetzung im 25.) Kapitel dargestellt wird. Die Bedeutung dieser Figur im Volksglauben jener Zeit wird auch durch den Titel einer der ältesten Sammlungen chinesischer buddhistischer Wundergeschichten deutlich, die «Berichte von Wundern des Avalokiteśvara» (*Guangshiyin yingyan ji*). Das Werk wurde vor dem Jahr 399 n. Chr. von Xie Fu zusammengestellt, ging dann angeblich verloren, und erst der Sohn eines Freundes, dem Xie Fu seine Sammlung gegeben hatte, Fu Liang (374–426), zeichnete sie aus dem Gedächtnis wieder auf, konnte sich jedoch nur an sieben Erzählungen erinnern. Die verschiedenen Schichten dieser in China lange verloren gewesenen Sammlung, die erst im 20. Jahrhundert in Japan wiedergefunden wurde, haben die japanischen Buddhismus-Forscher Tsukamoto Zenryū und Makita Tairyō untersucht. Es handelt sich hierbei zugleich um eines von zahlreichen Beispielen der Überlieferung ältester chinesischer Texte und Textausgaben in Japan bzw. in Korea.

Zeugnisse buddhistischer Frömmigkeit

Kaum ein Bereich der Literatur Ostasiens blieb vom Buddhismus unberührt. Während diese Einflüsse oft jedoch nicht mehr offenkundig sind, ist uns eine große Zahl von Traktaten und von Geschichten überliefert, die Zeugnis vom Glaubenseifer ihrer Verfasser ablegen. Traktate, Gelübde und Sündenbekenntnisse von Laienbuddhisten sind uns neben anderen Texten in dem Werk «Sammlung zur Erweiterung und Erhellung des Buddhismus» (*Hongming ji*) des Sengyou (445–518) und der «Weiteren Sammlung zur Verbreitung und Erhellung des Buddhismus» (*Guang Hongming ji*) des Daoxuan (596–667) überliefert. Da das Verfassen von Gedichten zu einem festen Bestandteil der Kultur gehörte, wurden von den Gläubigen auch Gedichte verfaßt, häufig angesichts des Todes oder zu anderen besonderen Gelegenheiten, aber auch im Zusammenhang der Auseinandersetzung mit einzelnen Texten oder Glaubenslehren. So verdanken wir dem jungen Feldherrn und Dichter Wang Rong aus dem Literatenzirkel um den Prinzen Xiao Ziliang eine Reihe von Gedichten, die seinen buddhistischen Glaubenseifer belegen.

Mit solchen Dichtungen ließen sich Verdienste zur Verbesserung des Karmas und damit für eine bessere Wiedergeburt erlangen. Andere fromme Texte wiederum dienten nur als Begleitung einer verdienstvollen Handlung; dazu gehören insbesondere Vorworte zu Druckausgaben buddhistischer Schriften sowie Stifter- und Spender-Inschriften, in denen oft die Rezitation oder der Druck von Texten zugesichert wird. Denn eine beliebte Form, seine Verdienste zu mehren, bestand darin, einen Text in einer möglichst großen Auflage zu kopieren oder zu rezitieren bzw. rezitieren zu lassen – eine Vorliebe, die nicht unwesentlich zur Entwicklung der Drucktechnik in China beigetragen und im tibetischen Buddhismus zur Gebetsmühle geführt hat.

3. Der Theravāda-Buddhismus

Die «fünf Länder des Theravāda»

Als die «fünf Länder des Theravāda-Buddhismus» bezeichnet man Thailand, Birma (seit 1989 Myanmar), Śrī Laṅkā, Laos und Kambodscha. Es sind die Länder des Pāli-Kanons, von denen Śrī Laṅkā und Birma nach der Überlieferung von den Missionaren Aśokas für den Buddhismus gewonnen worden waren und seither eine durchaus wechselvolle Geschichte erlebten. Die ersten Vertreter des Theravāda in Südostasien waren in den ersten nachchristlichen Jahrhunderten die Kleinstaaten der Mon und Pyu im heutigen Birma und im zentralen und nördlichen Thailand. In Kambodscha im Reich von Angkor (seit dem 9. Jahrhundert) und auf Java herrschten zunächst neben dem Hinduismus Formen des Mahāyāna. Erst durch den Einfluß der Mon und den Austausch mit Śrī Laṅkā wurde der Theravāda im 11. Jahrhundert zur vorherrschenden Form des Buddhismus in Birma. Die im 13. Jahrhundert auf das festländische Südostasien vordringenden Thai kamen durch die Mon und Birmesen in Kontakt mit dem Theravāda und lösten das Reich von Angkor als dominierende Macht in der Region ab. So machte sich ab dem 14. Jahrhundert auch in Kambodscha der zunehmende Einfluß des Theravāda bemerkbar, der sowohl vom Hof als auch von der einfachen Bevölkerung akzeptiert wurde. Die großen Zäsuren waren danach die islamische Eroberung und dann die Kolonisierung durch die europäischen Mächte. Doch fast überall gab es im Zuge der Entkolonialisierung Erneuerungsbewegungen, die allerdings in einigen Ländern durch sozialistische Bewegungen, gelegentlich verbunden mit Militärdiktaturen, überformt oder stark geschwächt wurden.

So ist es auch zu erklären, daß der Buddhismus in Laos und Kambodscha seit der Mitte des 20. Jahrhunderts offiziell keine

Bedeutung mehr hat, in Thailand aber bis heute Staatsreligion ist. Dort ist der Saṅgha nach dem Vorbild der Staatsverwaltung hierarchisch organisiert und erkennt den Primat des Staates an. Ebenso wie in Birma verbringt ein großer Teil der jungen Männer zumindest einmal im Leben eine kurze Zeit in einem Kloster. In Birma wie auch in Śrī Laṅkā bekennt sich die Mehrheit der Bevölkerung zum Buddhismus. Der Hintergrund ist, daß historisch in allen fünf Ländern der Saṅgha mit den gesellschaftlichen Verhältnissen aufs engste verknüpft ist.

Śrī Laṅkā (Ceylon)

Nach der Missionierung Śrī Laṅkās in der Mitte des 3. Jahrhunderts v. Chr. durch den Mönch Mahinda, der ein Sohn Aśokas gewesen sein soll, wurde diese Insel ein buddhistisches Königreich mit großer Homogenität. Hier bereits zeigt sich der starke Einfluß Indiens, der später allerdings, insbesondere durch indische Eroberungskriege sowie durch die Einwanderung einer großen tamilischen Bevölkerungsgruppe, zu erheblichen Problemen führte. Von Śrī Laṅkā gingen auch zahlreiche Missionsbewegungen aus, und von hier soll Buddhaghosa, der bedeutendste Kommentator der Lehren des Theravāda-Buddhismus, im frühen 5. Jahrhundert n. Chr. nach Birma gekommen sein. Wegen der führenden Rolle, die der Saṅgha seit jener Zeit spielte, stand er vor dem Dilemma, sich einerseits «rein» zu erhalten und den Vinaya-Vorschriften zu folgen, andererseits aber zentrale Aufgaben im Staat zu übernehmen. Dies führte zu einer Rollenvielfalt und damit zu im wesentlichen vier Mönchsgruppen. Eine Gruppe war für die Aufrechterhaltung der Lehre und die Durchführung bestimmter Zeremonien zuständig. Bei der anderen handelte es sich um Grundherren, und wieder andere waren regelrechte Politiker, d. h. Berater der Herrscher. Schließlich gab es als vierte Gruppe die «Waldbewohner», welche sich der ursprünglichen Aufgabe eines Mönches widmeten, nämlich dem Streben nach der eigenen Erlösung, dem Ideal des Theravāda. Diese «Waldbewohner», die in den letzten Jahrzehnten des 20. Jahrhunderts überwiegend eine mönchische Reformbewegung repräsentieren, machen etwa nur 2 bis 3 Prozent der heute registrierten Mönche in Śrī Laṅkā (etwa 20 000) aus. Durch die klassische Periode des singhalesischen Buddhismus, die bis zum Beginn des 13. Jahrhunderts dauerte, wurde die Struktur des Saṅgha, wie sie bis heute besteht, in Śrī Laṅkā und von dort ausgehend in ganz Südostasien geprägt. In jener Zeit gelangten religiöse Impulse aus Śrī Laṅkā aber auch in viele andere Regionen, nicht nur nach Südostasien, sondern beispielsweise auch nach China.

Allerdings gibt es in Śrī Laṅkā in der Geschichte des Buddhismus auch erhebliche Brüche. Zu nennen sind hier vor allem die Zerstörung der alten singhalesischen Kultur durch einen rücksichtslosen Eroberungsfeldzug indischer Eroberer im Jahre 1214, die im Jahre 1815 abgeschlossene britische Eroberung sowie schließlich der Beginn der nationalen Unabhängigkeit im Jahre 1947. In der Folge dieser Brüche bildeten sich, zumeist mit dem Anspruch der Erneuerung, Mönchsorden mit eigenen Lehr- und Ordinationstraditionen. Eine besondere Herausforderung war die Weigerung der britischen Kolonialverwaltung, die Angelegenheiten des Saṅgha staatlich zu beaufsichtigen, wodurch der Saṅgha im Ergebnis allerdings wieder näher an die ursprüngliche Idee der buddhistischen Mönchsgemeinde herangeführt wurde. Die dadurch ausgelösten Erneuerungsbewegungen und die immer wieder unter Beweis gestellte Glaubwürdigkeit auch vieler sogenannter Dorfmönche haben dazu geführt, daß noch heute die Mehrheit der Bevölkerung Śrī Laṅkās singhalesische Buddhisten sind.

Der buddhistische Klerus dagegen, dessen wichtigste Orden ihren Hauptsitz in der alten Königsstadt Kandy haben, ist eher konservativ und trägt wenig zur Lösung der ethnischen Konflikte zwischen Tamilen und Singhalesen bei. Die Mehrheit der Mönche, die sich als Hüter der buddhistischen Nation verstehen, sieht ihren Einfluß – allein die beiden Orden von Asgirya und Malwatte mit über 6000 Mönchen und 250 Klöstern sind neben dem Staat die größten Grundbesitzer – nur durch eine starke politische Zentrale garantiert.

Birma (Myanmar)

Wie in Śrī Laṅkā und Thailand, und dann doch in ganz eigener Weise, hat der auf den in Pāli abgefaßten Schriften fußende Theravāda-Buddhismus Birma geprägt. Die Missionierung dieses Landes, zunächst von einer ganz anderen Bevölkerung, den Mon, und noch nicht von den heutigen Birmanen besiedelt, geht einer späteren Legende nach ebenfalls auf eine Initiative Aśokas zurück. Doch ist die politische Geschichte des heutigen Birma ebenso wie die Siedlungs- und Religionsgeschichte lange Jahrhunderte eigene Wege gegangen. Nach ersten tibeto-birmanischen Staatsgründungen im 3. Jahrhundert n. Chr. gerieten diese zunächst unter starken indischen und damit auch hinduistischen Einfluß. Erst im 9. Jahrhundert gründeten die Vorfahren der heutigen Birmanen, das Pyu-Volk, in der Irrawaddy-Ebene ein eigenes Reich. Im Jahre 849 sollen sie die Hauptstadt Pagan (heute: Bagan) gegründet haben, aber erst im 11. Jahrhundert n. Chr. führte der König Anuruddha (1044–1077) den Theravāda-Buddhismus in seinem Reich ein, den er von dem Volk der zurückgedrängten Mon übernommen haben soll. Heute noch zeugen die Überreste der großartigen Tempelbauten Birmas in Pagan, das Ende des 13. Jahrhunderts von China aus durch die Mongolen zerstört wurde, von dieser Glanzzeit des Buddhismus. Dagegen stellen die Shwedagon-Pagode in Rangoon (heute: Yangon) und die Bauten und Inschriftenstelen in der 1857 von dem birmanischen Herrscher Mindon (1853–1878) gegründeten Hauptstadt Mandalay im Norden Birmas nur noch einen schwachen Abglanz dieser Hochzeit des Buddhismus dar.

Trotz formaler Bindung an die kanonischen Schriften des Vinaya-Piṭaka und strenger Befolgung der Lehren des Theravāda wurde die religiöse Entwicklung in Birma durch vielfältige religiöse Auseinandersetzungen geprägt, aber auch durch einen Synkretismus und Verbindungen mit vorbuddhistischen religiösen Elementen der Birmanen, insbesondere mit den sich auf lokale Genien, oft Geister verstorbener Menschen, beziehenden Nat-Kulten. Nach der Verdrängung ursprünglicher tantristischer Elemente wurde seit dem 12. Jahrhundert der Einfluß des ceylonesischen Saṅgha besonders stark. Doch ausgelöst durch den Einfall der Mongolen änderten sich die Machtverhältnisse, und es fand eine Reihe von Reformen statt.

Bis in die Gegenwart spielt in Birma die Beziehung zwischen Mönchen und Laien eine besondere Rolle. Dies hängt damit zusammen, daß in den Ländern Hinterindiens der zeitweilige, gelegentlich auch wiederholte Aufenthalt männlicher Laien in der Klostergemeinschaft üblich ist, beruht aber auch auf der Rolle der Klöster als Schulen. Gemeinsam nahmen beide Gruppen vorzugsweise an der Lektüre des Abhidharma-Piṭaka teil, und auch gemeinsame Meditationsübungen sind durchaus üblich. Bis ins 13. Jahrhundert spielten in der Theravāda-Tradition auch Nonnen eine Rolle, etwa in Birma, während es in Śrī Laṅkā bereits seit dem 11. Jahrhundert keinen Nonnenorden mehr gibt. Erst in neuerer Zeit wird an die alten Nonnentraditionen zaghaft wieder angeknüpft.

Nach der endgültigen Eingliederung Oberbirmas als des letzten Teiles Birmas in das britisch-indische Kolonialreich im Jahre 1885 führten anhaltende Konflikte mit den englischen und indischen Kolonialherren zu einer gesteigerten Identifikation der birmanischen Bevölkerung mit dem Buddhismus, die bis hin zu einer Gleichsetzung von Birma und Buddhismus reichte. Die inneren Verwerfungen des antikolonialen Kampfes wirkten über die kurze Besetzung durch Japan (1942–1945) und die 1948 erfolgte Unabhängigkeit hinaus. So gab es Versuche einer Verbindung von Marxismus und Buddhismus unter Berufung auf die Lehre von der doppelten Wahrheit. Danach war die marxistische Lehre die niedere Wahrheit zur Regelung irdischer wirtschaftlicher Verhältnisse, während der Buddhismus die höchste Wahrheit darstelle. In diesem Zusammenhang fand 1954–1956 auch das Sechste Buddhistische Konzil in der Nähe von Rangoon statt. Doch der Versuch U Nus, der bereits erster Ministerpräsident des freien Birma gewesen war, nach erneuter Übernahme der Regierungsgeschäfte am 4. April 1960 eine neue Staatsreligionsgesetzgebung zu verwirklichen, scheiterte schließlich und führte zum Eingreifen der Militärs, denen bis heute keine Stabilisierung der politischen, sozialen und religiösen Verhältnisse gelingt.

Thailand, Laos und Kambodscha

Die frühen Einwohner des benachbarten Thailand waren wie diejenigen Birmas die Mon, von denen die aus Süd-China nach Thailand, Laos und Birma einwandernden Thai den Theravāda-Buddhismus übernahmen, den sie nach der Überwindung der Khmer-Herrschaft Ende des 13. Jahrhunderts zur Staatsreligion erklärten. Aus dieser Zeit stammen auch die ältesten Thai-Inschriften. Das Königreich von Ayudhyā, das von 1350 bis 1767 bestand, als birmanische Eroberer es zerschlugen, und von dessen Hauptstadt noch heute einige eindrucksvolle Ruinen zu sehen sind, übernahm viele Kulte und Verwaltungsformen von den Khmer. Ein Nachfolgereich der Thai unter König Taksin wählte als Hauptstadt Thonburi am Menam. Dieser Herrscher wurde von König Rāma I. (1782–1809) entthront, dem ersten König der heute noch herrschenden Chakri-Dynastie, die ihre Hauptstadt auf die andere Seite des Flusses nach Bangkok verlegte. Die Erneuerung des Thai-Buddhismus ging von König Rāma IV., auch bekannt als Mongkut (1851–1868), aus, der vor seiner Thronbesteigung 27 Jahre als Mönch gelebt hatte und durch grundlegende Reformmaßnahmen die Beziehungen zwischen dem Buddhismus und dem Thai-Staat intensivierte. Diese enge Beziehung zwischen Saṅgha und Staat, die in Thailand dadurch bekräftigt wurde, daß Mönche, denen im Theravāda allein der Weg ins Nirvāṇa offen steht, erst auf dem Wege von Staatsprüfungen einen offiziellen Status erlangten, schnitt den buddhistischen Klerus von allen innovativen Strömungen, insbesondere von politischen Umsturzbestrebungen ab.

Das Volk der Khmer, das in Kambodscha die Bevölkerungsmehrheit bildet, ist mit der in Birma und Thailand siedelnden Mon-Bevölkerung sprachlich und ethnisch verwandt, und für alle drei Länder gilt, daß seit der Frühzeit der kulturelle Einfluß Indiens prägend war. Dies gilt auch für die Khmer-Kultur, wie sie sich seit dem 9. Jahrhundert besonders sinnfällig in Angkor manifestierte und die von dort aus in jener Zeit das größte Reich der Region etablierte, dessen Macht jedoch am Ende des 14. Jahrhunderts deutlich abgenommen hatte. In jener Zeit erst wichen die bis dahin praktizierten verschiedenen Formen des indischen

Buddhismus, darunter auch Elemente des Mahāyāna, dem Theravāda-Buddhismus, der seit der Mitte des 13. Jahrhunderts dort Fuß zu fassen begann und sowohl im Kult als auch in den bildenden Künsten einen spezifischen Khmer-Buddhismus hervorbrachte. Auch in Kambodscha war bis zur Machtübernahme durch die «Roten Khmer» 1975 die Verbindung zwischen Saṅgha und Staat ebenso eng wie in den anderen Theravāda-Ländern.

Frühe Verbreitung fand der Buddhismus auch im südlichen Vietnam im Königreich Champa, das dort bis ins 13. Jahrhundert eine Blüte erlebte und vielerlei Kulte entfaltete, dann aber durch die Expansion der südwärts drängenden Vorfahren der heutigen Vietnamesen zerrieben wurde. Die Handelsnetzwerke hatten die Lehre früh auch schon bis weit in die südostasiatische Inselwelt getragen, nach Sūmatra, auf die malaiische Halbinsel und in andere Gebiete. Am eindrucksvollsten aber hat sich die Verbreitung des Mahāyāna auf Java niedergeschlagen, wovon das buddhistische Heiligtum Borobudur, in der heutigen Gestalt aus der Mitte des 9. Jahrhunderts stammend, bis heute Zeugnis ablegt. Später ging in diesen Ländern der Buddhismus vielfältige und zum Teil eigentümliche Mischformen mit einheimischen ebenso wie mit hinduistischen Kulten ein.

III. Das «Große Fahrzeug»: Zentralasien, China und Japan

1. Das «Große Fahrzeug» und die «Mittlere Lehre»

Die Anfänge des Mahāyāna

In Indien wurde der Buddhismus auch nach seiner Blütezeit während der Maurya-Dynastie in unterschiedlichen Varianten weiter gepflegt. Dort wurden auch die Grundlagen für das Mahāyāna, die «[Lehre] des Großen Fahrzeugs», gelegt, eine Lehrrichtung des Buddhismus, die dann in anderen Ländern, vor allem in den Ländern Ostasiens, ihren Siegeszug antreten sollte. Ein anderer Name für das kurz vor Beginn der christlichen Zeitrechnung aufgekommene Mahāyāna war «Fahrzeug der Erleuchtungswesen» (Bodhisattvayāna). Im Gegensatz zu den früheren Schülern und Anhängern Buddhas, die selbst möglichst schnell ins Nirvāṇa zu gelangen suchten, wollten, wie bereits dargelegt, die Anhänger des Mahāyāna selbst erst Buddha werden und Allwissenheit erlangen, um so auch anderen Lebewesen zum Heil verhelfen zu können. Insofern trifft die allerdings etwas vereinfachende Feststellung zu, daß das Hīnayāna die Erlösung des Einzelnen in den Vordergrund stellt, während das Mahāyāna die allgemeine Erlösung im Auge hat. Obwohl es sich um eine Reformbewegung handelte, behaupteten die Anhänger des Mahāyāna, ihre Lehre sei die ursprüngliche Lehre Buddhas, die zunächst allerdings nur wenigen Auserwählten zur Kenntnis gebracht worden und daher auch lange verschollen gewesen sei. Einer Legende zufolge soll es der Philosoph Nāgārjuna für notwendig erachtet haben, in die Unterwelt hinabzusteigen, um von dort zentrale Mahāyāna-Texte zu holen. Es handelte sich um die Texte zur «Vollendung der Weisheit» (*Prajñāpāramitā*), auch übersetzt als das Buch der «Vollkommenheit der Erkenntnis in 8000 Versen». Das Datum und der Lebensort Nāgārjunas sind ungewiß. Wenn ein Autor der unter diesem Namen überlieferten Texte angenommen werden kann, so wäre dieser im 3. Jahrhundert n. Chr. in der Gegend des südindischen Andhra zu vermuten.

Die «Mittlere Lehre» Nāgārjunas

Es war die große Leistung Nāgārjunas und seiner Schule, die Theorie von der «Leere» (*śūnyatā*), auch als «Mittlere Lehre» (Mādhyamaka; früher oft: Mādhyamika) bekannt, zu entwikkeln. Die Leere ist weder absolutes Sein noch absolutes Nichtsein, aber auch nicht beides zugleich oder keines von beidem, sondern uncharakterisierbar in der Mitte, unverfügbar. Diese auch als Tetralemma charakterisierte Lehre von der Leerheit sollte dann vor allem in China neue Impulse setzen, wo sie durch die Übersetzungen Kumārajīvas bekannt wurde und in nahezu allen Lehrrichtungen Aufnahme fand. Sie wurde seit dem 8. Jahrhundert auch in Tibet mit der dort einsetzenden Buddhisierung rezipiert. Von den zahlreichen Texten, die Nāgārjuna zugeschrieben werden, ist das berühmteste das auch im Sanskrit überlieferte, in 400 Versen gefasste «Lehrbuch der Mittleren Lehre» (*Mādhyamakaśāstra*, chin.: *Zhonglun*).

Nach dieser «Mittleren Lehre» konnten Nirvāṇa und Samsāra gleichgesetzt werden, und die Form der Existenz, ob als Laie oder als Mönch, war nicht mehr heilsentscheidend. Der Grund dafür, daß aktive Tugenden, wie sie von den Laien, den Unterstützern der Mönchsgemeinden, praktiziert wurden, zunehmend höher geschätzt wurden als das mönchische Leben in Einsamkeit und hinter Klostermauern, lag aber auch in sozialen Veränderungen. So hatte sich neben den Mönchen und Nonnen der Stand der Laienanhänger mit eigenem Selbstbewußtsein herausgebildet, ein Dritter Orden gewissermaßen, der sich weniger die mönchische Lebensweise als vielmehr Buddha Śākyamuni selbst zum Vorbild nahm. Die Laufbahn eines Bodhisattva, eines künftigen Buddha, wurde das Ziel für all diese Anhänger, und es war vor allem dieses Bodhisattva-Ideal, das den Siegeszug des Buddhismus in Ostasien ermöglichte.

Die Bodhisattva-Vorstellung

Während die indische Bodhisattva-Vorstellung zunächst an die früheren Existenzen des historischen Buddha anknüpfte und damit einen gewissermaßen designierten Buddha meinte, entwickelte sich eine andere Bodhisattva-Vorstellung aus der Kritik des Arhat bei den Mahāsāṃghikas. Während letzterer nur an seiner eigenen Rettung und keineswegs an vollkommener Einsicht interessiert war, vertraten die Vorläufer des Mahāyāna die Ansicht, daß es das Ziel aller religiöser Praxis sein müsse, selbst die Buddhaschaft zu erlangen, und das war gleichbedeutend mit dem Erreichen der großen Einsicht. Bei gleichzeitiger Beachtung des Mitleidsgebots begab sich so jeder, der die Buddhaschaft erstrebte, auf den Bodhisattva-Weg. Denn ausgehend von der aus dem Begriff der Empathie und des Mitleids erwachsenen Vorstellung, daß die eigene Erlösung die Erlösung aller Lebewesen einschließt, waren Bodhisattvas solche, die ihre eigene Erlösung, den Eingang ins Nirvāṇa, zum Zwecke der Errettung anderer aufschoben. Die Vorstellung von solchen Bodhisattvas verband sich einerseits mit der Vorstellung von einem «lebenden Buddha» sowie andererseits mit bestimmten Heilsgestalten, die weithin Verehrung auf sich zogen.

Das Besondere an einem Bodhisattva ist also, daß er seinen Eingang ins Nirvāṇa hinauszögert, um allen Lebewesen auf deren Weg zur Erlösung verhelfen zu können. Eines jedoch setzt der Bodhisattva-Begriff voraus: daß nämlich die erworbenen Verdienste übertragbar sind. Während zunächst lediglich die Qualität der eigenen Reinkarnation gebessert werden konnte, wurde mit diesem neuen Verdienst-Begriff, der auf der Tugend des Mitleids und der Uneigennützigkeit aufbaut, die Hoffnung begründet, durch die von anderen übertragenen Verdienste aus dem Rad der Wiedergeburten erlöst zu werden.

Der Bodhisattva ist Schützer aller Wesen, unterdrückt alles Böse und übt sich in den folgenden sechs «Vollkommenheiten» (*pāramitā*), den Kardinaltugenden:

1. Freigebigkeit, denn er gibt Spenden bis hin zur körperlichen Selbstaufopferung (*dāna-pāramitā*),

2. Sittlichkeit, denn er beachtet die Sittengesetze (*śīla-p.*),
3. Nachsicht, denn er übt sich in Geduld (*kṣānti-p.*),
4. Tatkraft (*vīrya-p.*),
5. Sich-Versenken (*dhyāna-p.*) und
6. Weisheit (*prajñā-p.*).

Manche Überlieferungen ergänzen diese Liste noch um folgende vier:

7. Geschicklichkeit in der Lehrübermittlung (*upāya-kauśalya-p.*),
8. Entschlußfähigkeit (*pranidhāna-p.*),
9. Wunderkraft (*bala-p.*),
10. Wissen (*jñāna-p.*).

Diese Vollkommenheiten erstrecken sich über zehn Stadien oder «Stufen», die in den indischen Texten mit dem Wort für «Ebene» oder «Gebiet» (*bhūmi*) bezeichnet werden:

1. Stufe der Freude,
2. Stufe der Reinheit,
3. Stufe des Strahlens,
4. Stufe der flammenden Weisheit,
5. Stufe der Unüberwindbarkeit,
6. Stufe der Gegenwärtigkeit,
7. Stufe «weitreichend» zu sein in der geschickten Anwendung der Heilmittel,
8. Stufe der Unbeweglichkeit,
9. Stufe des guten Verständnisses und
10. Stufe der Wolke des Dharma (der Lehre).

Während der Bodhisattva auf den ersten sechs Stufen noch an die Begriffe von Wesen und Gegebenheiten gebunden ist, nimmt er auf der siebten Stufe die Objekte nicht mehr wahr, auf der achten Stufe erlangt er Gewißheit, ohne Umkehr auf dem Weg zu sein und selbst ein Buddha zu werden. Auf der letzten, der zehnten Stufe erhält er aus den Händen des Buddha die Weihe der Allwissenheit und ist dann fast einem Buddha gleichgeworden. Mit grenzenloser Wunderkraft spendet dieser Bodhisattva allen Lebewesen in mehreren Weltsystemen Heil und ermöglicht ihnen die Errettung.

Buddha Amitābha und die Verheißung des Paradieses

Im Mahāyāna treten neben Buddha Śākyamuni zahlreiche andere ähnliche Wesen. Deren bekannteste sind Amitābha, Maitreya und Avalokiteśvara, der Bodhisattva der Barmherzigkeit, der in China dann zur weiblichen Gottheit Guanyin (Japanisch: Kannon) wurde, und schließlich Mañjuśrī, der liebenswürdige und majestätische Bodhisattva der Weisheit. Der im Jahre 1983 verstorbene Buddhologe Étienne Lamotte sagte hierzu: «Für gelehrte Buddhisten sind diese Buddhas und Bodhisattvas nur Erscheinungsformen der Weisheit und des Mitleids der Buddhas. Die Buddhas sind miteinander identisch in ihrem ‹Körper der Lehre› (*dharmakāya*), der nichts anderes ist als die Lehre selbst ...» Nach Ansicht der Anhänger des Mahāyāna gab es eine ins Uferlose vergrößerte Anzahl von Buddhas und Bodhisattvas, und entsprechend vermehrte sich auch die Anzahl der Welten.

In Ostasien wohl am meisten verehrt wird Buddha Amitābha oder Amitāyus (wörtl.: «unermeßliches Licht» oder «unermeßliche Lebensspanne»). Er ist der Herrscher des auch als «Paradies des Westlichen Landes» bekannten Reinen Landes (*Sukhāvatī*), der diejenigen, die ihn um Hilfe ersuchen, hört und errettet. Diese Amitābha-Verehrung, in Japan als Amidismus bekannt, band wegen ihrer starken eschatologischen Komponente große Bevölkerungsgruppen an ihren Kult. Einer Legende zufolge soll vor Äonen der an manchen Stellen auch als Bodhisattva bezeichnete Mönch Dharmākara sein Erscheinen als Amitābha nach der Erfüllung von 48 Gelübden angekündigt haben, zu denen das Versprechen gehört, eine Buddhawelt von herrlicher Pracht zu errichten, in die alle, welche an seine rettende Kraft glauben, Eingang finden würden. Als entscheidend galt dabei der Glaube an Amitābha im Angesicht des Todes. Oft werden Amitābha zwei mächtige Bodhisattvas zur Seite gestellt, Avalokiteśvara (chin.: Guanyin) und Mahāsthāmaprāpta, die auf bildlichen Darstellungen häufig mit ihm zusammen erscheinen.

Die Lehren des Mahāyāna finden sich in der, weil nicht unmittelbar an die Lehre Buddhas anknüpfend, als pseudo-kanonisch bezeichneten Werksammlung «Vollkommenheit der Weisheit» (*Prajñāpāramitā*). Zentral sind auch Werke wie das *Dia-*

mant-Sūtra, das *Herz-Sūtra* und das *Lotos-Sūtra* (*Saddharmapuṇḍarīka*), von denen letzteres die größte Bedeutung erlangte. Darin wird Buddha als übernatürliches, ewiges Wesen dargestellt. Er selbst *ist* Buddhaschaft. Der Bodhisattva-Gedanke kommt im *Lotos-Sūtra* besonders im Gleichnis vom Brennenden Haus (Kapitel 3) zum Ausdruck, wo der Hausherr mit einer List seine Kinder aus dem brennenden Haus lockt, ein Gleichnis, das Buddha auf sich selbst anwendet, indem er seinem Schüler Śāriputra erklärt:

> Selbst in das verfallene, alte brennende Haus der drei Welten geboren, befreit er die Lebewesen von den Feuern der Geburt, des Alters, der Krankheit und des Todes, von Kummer und Leid, von Torheit und Mißverständnis und von den drei Giften (Begierde, Zorn und Torheit). Er lehrt und verwandelt sie und bewirkt, daß sie die höchste vollkommmene Erleuchtung erlangen.

Leerheit und doppelte Nichtexistenz

Das Verwerfen der Existenz eines Selbst wird im Mahāyāna gesteigert zur Leugnung der Realität aller Gegebenheiten (*dharma*), denen gleichwohl eine kurze, eine verschwindend kleine Dauer zugestanden wird. Doch während die Hīnayāna-Schulen den Gegebenheiten noch eine Eigennatur (*svabhāva*) und Merkmale (*lakṣaṇa*) zusprechen, sind nach Ansicht der Mahāyāna-Anhänger diese leer (*śūnya*) von Eigennatur und leer von Merkmalen. Sie sind daher auch nicht in ihrer Wirklichkeit wahrzunehmen. Entsprechend wird die Lehre von den vier edlen Wahrheiten umgedeutet, weil die Erscheinungen des Daseins nicht existieren. Und wenn das Leiden nie existiert, muß es nicht erst vernichtet werden, um das Nirvāṇa zu erreichen, sondern dieses ist immer schon erreicht. Daraus folgt, daß der Saṃsāra, der leidvolle Daseinskreislauf, gleichbedeutend mit Nirvāṇa ist. Wegen dieser Leerheit (*śūnyatā*) handelt der Weise nicht, redet nicht und denkt nicht, obwohl er höchst aktiv lehrt, also redet, und handelt. Diese Leerheit ist selbst aber keine Eigenschaft, sondern die Wesen und Gegebenheiten sind leer, weil sie nicht sind. Der Begriff der Leerheit ist nur ein Mittel zum Verständnis, wie eine Leiter oder ein Floß, die man wegwirft oder verläßt, wenn man in die Höhe gestiegen ist oder den Fluß überquert hat. Natürlich entsteht dadurch ein Problem, das durch den Begriff der «doppelten Wahrheit» oder der «doppelten Nichtexistenz» aufgelöst wird. Entsprechend nimmt auch der Bodhisattva zunächst die Wesen und Gegebenheiten wahr, doch wenn er erleuchtet ist, erkennt er die doppelte Wahrheit. Er spendet, in den Worten von Étienne Lamotte, «ohne zwischen Spender, Empfänger und Gabe zu unterscheiden; er lebt sittlich, ohne Verdienst und Schuld zu bewerten; er ist nachsichtig und erkennt gleichwohl das Leiden als nichtexistent». Lamotte faßt es folgendermaßen zusammen: «Indem das Mahāyāna aus der Sicht konventioneller Wahrheit das bestätigt, was es aus der Sicht absoluter Wahrheit als falsch erkennt, und umgekehrt, hält es gleichen Abstand zwischen Bejahung und Verneinung, zwischen Existenz und Nichtexistenz: es ist der ‹Mittlere Weg›, mit dem es jeden Gegensatz umgeht.» Im Kern also bleibt diese Lehre des Nāgārjuna unbegreiflich, jedenfalls ist sie nicht innerhalb der Sprache zu erklären, und sie setzt eine außersprachliche Einsicht und Verständigung voraus. In der Chan/Zen-Tradition zielt die *gong'an/kōan*-Schulung darauf, den Schüler beide Seiten der Wahrheit konkret einüben zu lassen.

2. Buddhismus in Zentralasien, Tibet und der Mongolei

Zentralasien

Einen großen Zauber übt der Buddhismus bis heute in den Formen aus, in denen er sich in Zentralasien erhalten hat. Funde alter und ältester Dokumente und Bauwerke, seit dem 19. Jahrhundert nach und nach entdeckt, zeugen vom Glanz des Buddhismus im ersten nachchristlichen Jahrtausend in den mittelasiatischen Gebieten. Zugleich erinnern diese Monumente an die Wege, auf denen der Buddhismus sich in alle Richtungen verbreitete. Von den Oasen am Ostende der Seidenstraße, von Chinesisch Turkestan, entlang der verschiedenen Handelsrouten am Rande der Wüste Taklamakan und mitten durch sie hindurch bis in das Karakorum, das nördliche Afghanistan und weiter zum Oxus im Westen reicht die Ausdehnung des zentralasiatischen

Buddhismus. Eine Vielfalt von Sprachen und Kulturen nahmen hier diese Lehre auf und trugen sie weiter. In den Trockengebieten Mittelasiens haben sich auf Birkenrinde und anderen Materialien Sanskrithandschriften von Texten erhalten, die über Jahrhunderte sonst nur in chinesischer oder tibetischer Übersetzung bekannt waren. Über den Buddhismus in Zentralasien, Tibet und der Mongolei wissen wir mehr erst seit den großen Entdekkungen des ausgehenden 19. und des frühen 20. Jahrhunderts. In verschiedenen Schriften und Sprachen haben wir so Zeugnisse aus der Frühzeit des Buddhismus wiedergewonnen. Manche Inschriften wie die Felseninschriften in Gilgit sind überhaupt erst vor wenigen Jahrzehnten entdeckt worden.

Zunächst war der Buddhismus wohl eher westwärts und nicht nach Osten gewandert. Dazu hatten das Maurya-Reich und dort insbesondere die Herrschaft Aśokas sowie das im 1. Jahrhundert n. Chr. gegründete Kuṣāṇa-Reich, vor allem mit dem Herrscher Kaniṣka, günstige Voraussetzungen geboten. Von dem engen Austausch mit der griechischen Kultur zeugen nicht nur die buddhistischen Skulpturen aus Gandhāra, sondern auch Texte wie der berühmte Dialog in Pāli «Die Fragen des Königs Menandros (Milinda)» (*Milindapañhā*). Und hinter manchen Vorstellungen und Kulten, etwa der Vorstellung des Bodhisattva Avalokiteśvara, mögen iranische Anregungen stehen. Zusammenhänge zwischen dem Amitābha-Kult und den Vorstellungen von seinem Paradies Sukhāvatī einerseits und iranischen gnostischen Vorstellungen andererseits sind nicht auszuschließen. Jedenfalls hat die Verbreitung der Gnosis, so etwa des Manichäismus, nach Osten an die Sprache und Terminologie des Buddhismus anknüpfen können. Ohne die buddhistische Übersetzungssprache hätte der Manichäismus nicht in ein chinesisches Gewand schlüpfen können, in dem er in China und an dessen Rändern über mehrere Jahrhunderte wirken konnte, weshalb wir auch von einem «zentralasiatischen» oder «östlichen Manichäismus» sprechen.

Die aus dem im 3. Jahrhundert n. Chr. zerfallenden Kuṣāṇa-Reich hervorgegangenen kleineren Staaten und Stadtstaaten hielten zwar am Buddhismus fest, doch führten die Eroberungszüge der sogenannten Weißen Hunnen, der Hephtaliten, dann aber auch das Erstarken des Hinduismus zu einer Schwächung des Buddhismus in diesen Gebieten. Weiter im Osten war es seit dem 7. Jahrhundert die Machtausdehnung Tibets, die zum Niedergang einiger Klosterzentren führte, obgleich sich die Tibeter zum Buddhismus bekannten. Die zahlreichen Kunstwerke und Texte aus diesen Kulturen in den großen Museen der Welt legen bis heute Zeugnis ab von der Verbreitung des Buddhismus zwischen Vorderasien im Westen und China im Osten. Aus diesen Regionen stammten nicht zufällig die ersten großen Übersetzer, welche die indischen Texte ins Chinesische und dann auch ins Tibetische übertrugen, wie der parthische Mönch An Shigao, der im Jahre 148 n. Chr. in die chinesische Hauptstadt Luoyang kam. Mit dem Buddhismus in Zentralasien ist nicht nur die Verbreitung des Mahāyāna nach Ostasien verbunden, sondern noch aus dem 7. und 8. Jahrhundert haben wir Zeugnisse von der Verknüpfung des Buddhismus mit der kulturellen und sprachlichen Vielfalt damals blühender und heute zum Teil vergessener Oasenstädte wie Khotan, Kashgar und Kutscha. In der Zeit um 1000 n. Chr. hatte der zentralasiatische Buddhismus seinen Höhepunkt längst überschritten. Damit war auch der für das erste Jahrtausend so rege Austausch über die mittel- und südasiatischen Landwege abgeschnitten. Dennoch hielt er sich in einigen Zentren, insbesondere auf der nördlichen Route der Seidenstraße und erlebte unter der Weltherrschaft der Mongolen im 13. und 14. Jahrhundert eine Renaissance.

Tibet

Nach Tibet gelangte der Buddhismus erst im 7. Jahrhundert, und er nahm dort eine bis in die Gegenwart spürbare eigene Entwicklungsrichtung, weil er sich einerseits mit spezifischen, sehr komplexen einheimischen Religions- und Kulttraditionen verband, andererseits aber von buddhistischen Missionaren aus Indien ebenso wie aus China beeinflußt wurde und so ein neues Maß an Komplexität gewann. In den folgenden Jahrhunderten gelangten ebenso die eher als rationalistisch zu bezeichnenden Schultraditionen des Sarvāstivāda, des Sautrāntika, des Mādhyamaka und des Yogācāra wie die eher als mystisch zu bezeichnende Tantra-Tradition nach Tibet, in der in manchen Liturgien Sexualität und Alkohol vorgesehen sind. Manche Besonderheiten gehen auf den Einfluß der einheimischen Bon-Religion zurück, die auch auf die besondere Bedeutung einzelner als heilig angesehener Berge und Bergmassive prägend wirkte. Mit dem Buddhismus entstanden Klöster als Kultstätten und Ausbildungsanstalten und zugleich als Zentren für die Übersetzung buddhistischer Werke. Vor allem aber begannen die Klöster einen zentralen Faktor im politischen Gefüge des Landes einzunehmen, aus dem ein neues Institutionengefüge außerhalb der bisherigen staatlichen Organisation entstand. Dabei beschränkten sich die Klöster keineswegs auf das Geistig-Religiöse, sondern sie wurden selbst zu Zentren des Handels und schließlich zu entscheidenden politischen Machtfaktoren.

Die erste Blüte des Buddhismus wurde jäh durch den Zusammenbruch der Yarlug-Dynastie im frühen 9. Jahrhundert beendet, so daß die folgende Entwicklung der Lehre auch als «zweite Verbreitung des Buddhismus» bezeichnet wird. Unter der Herrschaft von Glaṅ-dar-ma (838–842) war es – unter Mitwirkung des Bon-Adels – zur Zerschlagung klösterlicher Organisationen und der Laisierung der Mönche gekommen, und nach der Ermordung Glaṅ-dar-mas (durch einen buddhistischen Mönch) folgte eine zweihundertjährige Periode der politischen und religiösen Instabilität. Erst im 11. und 12. Jahrhundert kam es zur Gründung der großen Klöster, von denen das 1073 gegründete Kloster von Sakyapaṇḍita (*Sa skya pa*), in dem vor allem die Vajrayāṇa-Lehren gepflegt wurden, im 13. Jahrhundert als Verhandlungsführer mit den Mongolen die Führungsrolle übernahm. Aus dem Zusammenspiel der verschiedenen Kult- und Lehrrichtungen bildete sich erst im späten 15. Jahrhundert diejenige Form heraus, die als «Lamaismus» bezeichnet wird und in die neben den buddhistischen auch viele vorbuddhistische Elemente Eingang gefunden haben. Die Bezeichnung «Lamaismus» rührt von der zentralen Rolle des Lehrers (*lama*, tibet.: *bla ma*) her, der für den Schüler in der Weitergabe der Lehre die absolute Autorität darstellt.

Von den einzelnen Schulen soll hier vor allem die als «Gelbmützen» bekannte Gelugpa («Schule der Tugendhaften»; tibet.: *dGe lugs pa*)-Richtung im Vordergrund stehen, deren heutige Form auf die geistige Syntheseleistung des Meisters Tsongkhapa (1357–1419) und seiner beiden Hauptschüler Gyaltshab (1364–1432) und Khedrub (1385–1483) zurückgeht. Tsongkhapa stammte aus der Kokonor-Region und hatte bei den bedeutendsten Lehrern seiner Zeit studiert, bevor er mit vierzig Jahren in einer Vision Atiśa, dem Erneuerer des Buddhismus in Tibet (gest. 1054 in der Nähe von Lhasa), begegnete. Aus der auf die Konzepte Tsongkhapas gegründeten Gelugpa-Schule ging der Fünfte Dalai Lama (1617–1682) hervor, mit dem der Anspruch dieser Linie auf die Herrschaft über ganz Tibet verbunden ist. Damit waren aber nicht alle anderen Lehrtraditionen erloschen, sondern sie lebten zum Teil kraftvoll weiter und brachten in den folgenden Jahrhunderten bis in die Gegenwart bedeutende Lehrer hervor. Zugleich waren sie Ausdruck des die gesamte Geschichte Tibets kennzeichnenden Schwankens zwischen zentrifugalen Kräften einerseits und Einheitsbestrebungen andererseits, die allerdings niemals die Einheitlichkeit des Glaubens in Frage stellten. Mit der Konsolidierung der «Gelbmützen» und der mit Hilfe fremder (mongolischer) Kräfte errichteten Einheitsherrschaft durch den Fünften Dalai Lama, der nun weltliche und geistliche Herrschaft vereinigte, wurde zugleich «der Weg zur Einmischung landesfremder Mächte in die Geschicke Tibets» eröffnet (G. Tucci). An die Seite des Dalai Lama trat ein weiterer höchster geistlicher Würdenträger, der Panchen Lama, der gelegentlich die theokratische Autorität des Dalai Lama relativierte. Seit dem Fünften Dalai Lama galt dieser als Verkörperung des Avalokiteśvara, der seinen Lehrer, den Panchen Lama, zur Wiedergeburt des Buddha Amitābha erklärte. Beide werden seither als «Tulku» angesehen, als Personen, die nach bestimmten Prüfungen als Reinkarnation einer zuvor verstorbenen Persönlichkeit gelten, neben denen es weitere Tulku-Linien gibt. In Einklang damit steht die Bardo-Lehre, eine Lehre vom «Zwischenzustand» zwischen dem Tod einer Person und seiner nachfolgenden Wiedergeburt, die bereits im zweiten

Jahrhundert in Werken des Hīnayāna und des Mahāyāna anklingt, dann aber im Vajrayāṇa ausgebaut wurde. Dieser Zwischenzustand kennt verschiedene Phasen, die insbesondere in den Lehren vom Sterben und vom Tod, wie sie in dem «Totenbuch der Tibeter» niedergelegt sind, vermittelt werden. Trotz aller Besonderheiten kannte auch der tibetische ebenso wie der mongolische Buddhismus die Bedeutung der Ordenszucht (Vinaya) und die Bedeutung der Lehrreden und der dogmatischen Kommentartradition, die nunmehr pauschal als «*sūtra*» (mongol.: *sudur*) bezeichnet werden.

Wie bereits dargelegt spielte der Buddhismus in Tibet als Herrschaftsinstrument eine wichtige Rolle, einerseits zur Bindung der tibetischen und dann auch der mongolischen Bevölkerung an den Herrschaftsanspruch Chinas, andererseits aber auch zur Formulierung territorialer und kultureller Eigenständigkeit. In der Auseinandersetzung um die Unabhängigkeit Tibets hat die chinesische Regierung in den letzten Jahren nichts unversucht gelassen, ihren Einfluß auch auf den tibetischen Buddhismus auszudehnen. Dies zeigte sich bei der Wahl des Elften Panchen Lama. Mit ihrer Einflußnahme gerät die chinesische Regierung zwar in Widerspruch zur verfassungsmäßig gewährten Garantie der freien Religionsausübung, verhält sich aber konform zu einer langen und im chinesischen Reich seit der Durchsetzung des bürokratischen Einheitsstaates etablierten Tradition der Dominierung jedweder religiöser Aktivität durch die Politik.

Mit der stärkeren Einbindung Tibets in die Machtsphäre Chinas wurde auch der Buddhismus Tibets von dort mehr und mehr kontrolliert, und alle Aktivitäten von Dissidenten wurden mit brutaler Gewalt verhindert und verfolgt. Dazu diente auch die staatliche Aufsicht über die Mönchsordination und das Prüfungswesen für höhere geistliche Ämter. Nach Unruhen war die jährlich stattfindende Prüfungspraxis im Jahre 1988 aufgegeben und erst im Jahre 2004 mit Prüfungen unter anderem für den höchsten akademischen Grad der Gelugpa-Sekte wieder aufgenommen worden. Damit sollte der tibetische Buddhismus gefördert und die Fortführung der Tradition unter den Bedingungen chinesischer Vorherrschaft sichergestellt werden.

Mongolei

Eine wichtige Rolle hat der Buddhismus in Form des Lamaismus auch bei den Mongolen gespielt, der die älteren mongolischen religiösen Traditionen nicht ersetzte, aber wegen seiner besonderen Rolle bei der Organisation von politischer und wirtschaftlicher Herrschaft genannt werden muß. Erste Begegnung der Mongolen bzw. ihrer Vorläufer, der Proto-Mongolen, mit dem Buddhismus dürften in das vierte Jahrhundert zurückreichen; mit Sicherheit hatte dann im siebten Jahrhundert der Buddhismus einen stärkeren Einfluß in dem Gebiet der heutigen Mongolei. Doch erst um die Mitte des 13. Jahrhunderts kam es bei den Einfällen der mongolischen Konföderation nach Tibet zu einer intensiven Begegnung der mongolischen Führungsschichten mit dem Buddhismus, die nachhaltige Wirkung zeigte. Die Großkhane holten tibetische Lamas an ihren Hof, und zwar Vertreter verschiedener Schulen. Insbesondere die enge Beziehung des Khans Khubilai (reg. 1260–1294) zu dem Neffen und Nachfolger des Sakyapaṇḍita, dem Phagspa-Lama (1235–1280), schuf die Voraussetzungen für die «staatskirchliche» Entwicklung des Buddhismus bei den Mongolen. Der Buddhismus fand zunächst jedoch nur bei den führenden Familien Eingang; dadurch wurden zwar Klostergründungen und frühe Übersetzungen aus dem Tibetischen ins Mongolische begünstigt, doch fand die Lehre nicht bei weiteren Kreisen der Bevölkerung Anhängerschaft. Daher verschwand der Buddhismus nach dem Zusammenbruch der Mongolenherrschaft in China und dem Zerfall der politischen Einheit der Mongolen auch wieder. Erst im 16. Jahrhundert, einem Wendepunkt in der Geschichte der Mongolen, kam es zu einer «zweiten Bekehrung» der Mongolen, und der Buddhismus wurde zur herrschenden Religion. Mit der Verleihung des Titels «Dalai Lama» an einen tibetischen Kirchenfürsten durch den Mongolenfürst Altan (geb. 1506) im Jahre 1578 hielt die 1409 durch den Reformator Tsongkhapa (1357–1419) gegründete Gelugpa-Schule («Gelbmützen») Einzug bei den Mongolen. Altan Khan erhielt im Gegenzug den Titel Khan und wurde zu einer Reinkarnation Khubilai Khans erklärt.

Der Titel «Dalai Lama» wurde im Nachhinein den Vorgängern des 5. Dalai Lama auf dem obersten Thron Tibets verliehen. Dieser Titel des Lama bezeichnet in einem noch prägnanteren Sinne als der indische «guru» den Führer zum Heil. Die «Zuflucht zum Lama» wird den drei Zufluchten, Buddha, Lehre und Gemeinde, vorangestellt. Als der Dalai Lama 1588 in der Mongolei starb, sorgte man dafür, daß die Wiederverkörperung (Reinkarnation) innerhalb der Familie des Altan Khan erfolgte, was als ein «politisches Meisterstück» zu bezeichnen ist. Jedenfalls erfuhr der Buddhismus große Förderung, die sich auch in der offiziell verfügten Übersetzung des tibetischen Kanons (Kanjur) ins Mongolische zeigte. In der Folge wurde der tibetische Buddhismus Staatsreligion bei den Mongolen. Dem tat auch die Machtausdehnung der Mandschuren nach Errichtung des großen Qing-Reiches in China in der Mitte des 17. Jahrhunderts keinen Abbruch. Die Mandschu-Kaiser förderten vielmehr den tibetischen und mongolischen Buddhismus, weil er sich als ihren Beherrschungsinteressen willfährig erwies. Freilich wurde auch sorgsam darauf geachtet, daß die obersten Lamas nichts unternahmen, was chinesischen Interessen bzw. den Interessen des Mandschu-Reiches hätte abträglich sein können. Und auch nachdem der charismatische buddhistische Führer, der achte Bogdo-Gegen, als lebender Buddha sogar zu einem theokratischen Herrscher avanciert war, beherrschte noch in den 20er Jahren der Klerus weitgehend die Mongolei. Dieser bestimmte von 724 Klöstern aus mit fast 100 000 Mönchen das geistige Leben des Landes. Nach einer taktischen Allianz in den frühen 20er Jahren zwischen sowjetisch beeinflußten Revolutionären und mongolischen Lamas kam es 1924 zur Gründung der Mongolischen Volksrepublik. Die Folge war eine Entmachtung der Lamas und eine Säkularisierung des Staates, eine Entwicklung, die mit einem Ordinationsverbot und der Einführung der kyrillischen statt der uighuro-mongolischen Schrift ihren Abschluß fand, der in der Inneren Mongolei als Teil Chinas jedoch nicht gefolgt wurde.

Nepal

Unter den buddhistischen Ländern spielt Nepal schon deswegen eine Sonderrolle, weil es in seinen gegenwärtigen Grenzen das Geburtsland des historischen Buddha ist. Aufgrund der isolierten Lage und wegen der gleichzeitigen starken hinduistischen Einflüsse entfernte sich der Buddhismus Nepals im Laufe der Jahrhunderte sehr weit von seinen Ursprüngen. Gleichwohl hat sich in den insbesondere von Angehörigen der Volksgruppe der eine stark indisierte, ursprünglich aber tibeto-birmanische Sprache sprechenden Nevar unterhaltenen Klöstern ein buddhistischer, stark mit Elementen des Vajrayāṇa durchsetzter Kern gehalten. Die andere wichtige Volksgruppe in Nepal, die eine indoarische Sprache spricht, ist durchweg vom Hinduismus geprägt.

3. Buddhismus in Ostasien: China und Japan

Der chinesische Kulturkreis

Es ist schon betont worden, daß die Bedeutung des Buddhismus für die Kulturen Ostasiens kaum überschätzt werden kann. Durch die Berührung des Buddhismus mit radikal neuen Kulturen wie der chinesischen und jenen halbnomadischen Gesellschaften am Rande Chinas wurde er seinerseits verändert und bereichert. Um so erstaunlicher ist, daß in der westlichen Welt der Buddhismus nur selten mit China in Verbindung gebracht wird, wo er seit dem frühen ersten Jahrtausend präsent war und über Jahrhunderte die Kultur prägte und von dieser geprägt wurde. In chinesischer Sprache gelangte der Buddhismus nach Ost- und Südostasien, und chinesische Philosophie und Soziallehren bestimmten die Ausformung des Mahāyāna-Buddhismus. Die Randständigkeit des Buddhismus im europäischen Chinabild hat jedoch ihre Gründe. Sie liegen in der Entwicklung Chinas zu einem bürokratischen Staat und in der erfolgreichen Begrenzung der Macht des Klerus, so daß der Buddhismus zwar in weiten Teilen der Bevölkerung Anhänger hatte, aber niemals staatstragend wurde, wenn man einmal von kleineren Episoden absieht. Die Geschichte des Buddhismus verlief auch in den anderen Ländern Ostasiens nicht geradlinig, was mit dazu beigetragen hat, daß diese Länder heute zum Teil kaum mehr mit dem Buddhismus in Verbindung gebracht werden. Und dennoch erlebte der Buddhismus nach den Anfängen in Indien und der Förderung unter dem Maurya-Reich gerade in Ostasien seine große Blüte, und ohne die Überlieferung in den Sprachen Ostasiens, insbesondere im klassischen Chinesisch, wären uns große Teile der Lehre gänzlich unbekannt geblieben. Nicht zuletzt bildeten sich zahlreiche der heute mit besonderer Aufmerksamkeit, wenn nicht sogar mit Enthusiasmus in der ganzen Welt aufgenommenen Lehren erst im ostasiatischen Raum im Zusammenspiel mit den dortigen Kulturen heraus. Dies gilt etwa für den Chan/Zen-Buddhismus, der in China entstand und dann auch in Japan kultiviert wurde.

Die Beziehungen, namentlich die Reise- und Handelswege zwischen dem östlichen Teil der eurasischen Landmasse und dem Nahen Osten einschließlich des östlichen Mittelmeers, waren seit Alexander dem Großen vielfältig. Dabei verdienen die Verbindungswege nach China besondere Beachtung, die vorbei am Pamir und nördlich oder südlich des Taishan, später auch durch das Karakorum und dann entlang der seit dem 19. Jahrhundert als Seidenstraße bezeichneten Handelsroute aus dem Tarim-Becken von Norden her nach China führen. Vor allem über diesen Weg, dann aber auch über weiter südliche Routen sowie über den Seeweg gelangte der Buddhismus nach Ostasien.

Bereits der Han-Kaiser Mingdi (reg. 57–75 n. Chr.) soll, einem Traum folgend, Gesandte nach Indien geschickt haben, um sich nach Buddha zu erkundigen. Auch wenn es sich hierbei und bei dem Bericht von den ersten zurückgebrachten Texten und dem vom Kaiser errichteten «Kloster des Weißen Pferdes» bei der Hauptstadt Luoyang um eine Legende handeln sollte, so ist die Verbreitung des Buddhismus in China wohl doch ähnlich verlaufen. Es ist jedenfalls nicht ausgeschlossen, daß bereits in der Mitte des 1. Jahrhunderts n. Chr. erste buddhistische Einflüsse nach China gelangt sind. Doch erst um 300 n. Chr., als bereits eine größere Zahl von buddhistischen Texten in chinesischer Sprache vorlagen, fand diese indische Lehre eine größere Resonanz bei Angehörigen der gebildeten Schichten in den einzelnen regionalen Machtzentren Chinas. Hier wurde der Buddhismus dann bald als eine anspruchsvolle und geistig-philosophisch herausfordernde Lehre verstanden, nachdem seine Vertreter ihn von dem zunächst vorherrschenden Anschein befreit hatten, nur eine Spielart des Daoismus zu sein. Diese Erkenntnis sollte jedoch dann bald zu großen Auseinandersetzungen führen, weil die Vertreter des Daoismus den Buddhismus nun nicht nur als «Lehre der Barbaren», sondern als «Lehre nur für Barbaren» brandmarkten. Dahinter standen Machtkonflikte und grundsätzliche kulturelle Differenzen.

Die Übernahme des Buddhismus nach China war auch der Anstoß zu langandauernden Konflikten, die teilweise bis in unsere Zeit reichen. So wandelte sich die ursprüngliche Verknüpfung von buddhistischen und daoistischen Elementen zu einer Rivalität zwischen den institutionellen Vertretern der beiden Lehren, in der sich auch Interessengegensätze zwischen einzelnen Familiengruppen, Fraktionen und Schichten niederschlugen. Diese Konflikte verstand der Kaiserhof zu nutzen, und so gelang es auf Dauer keiner einzelnen religiösen Gruppe oder Organisation, sich den ausschließlichen Einfluß auf den Herrscher und die Bürokratie zu sichern.

Pilgerreisen

Die ohnehin zur Mönchsregel gehörende Wandertätigkeit führte auch zu ausgedehnteren Pilgerreisen über Landesgrenzen hinweg, die der Suche nach weiterer Belehrung dienten, dann aber auch zu Berichten führten, die bis auf den heutigen Tag zu den kulturgeschichtlich kostbarsten Zeugnissen gehören, die uns aus der Vergangenheit überliefert sind. Unter den chinesischen Reiseberichten nehmen diejenigen der buddhistischen Mönche, die auf der Suche nach Heiligen Schriften nach Westen zogen, um die Lehre noch besser zu verstehen – und sicher auch, um weitere Kunde aus fernen Landen zu bringen – eine Sonderstellung ein. Der berühmteste der buddhistischen Indienpilger war Xuanzang (600?–664), zugleich Begründer der chinesischen Faxiang-Schule. Vor Xuanzang sind bereits wenigstens 54 Mönche namhaft zu machen, die seit dem Mönch Zhu Shixing (um

260 n. Chr.) teils alleine, zumeist aber in Gruppen oder Delegationen, nach Westen reisten. Die erhaltenen Reiseberichten geben uns nicht nur Auskunft darüber, was in China über die buddhistischen Länder und die Reiserouten, die dorthin führten, bekannt war, sondern es handelt sich dabei auch um erstrangige Quellen für die Geschichte dieser Länder selbst.

Während der Buddhismus in China im ganzen ersten nachchristlichen Jahrtausend eine prägende Rolle spielte, ist sein Wirken im zweiten Jahrtausend weniger deutlich sichtbar, da wesentliche Elemente des buddhistischen Glaubens von den Konfuzianern übernommen wurden bzw. in volksreligiösen Strömungen oder in Form von Erzählungen und literarischen Werken weiterlebten. Daher, und insbesondere wegen des Einflusses, den die späteren Konfuzianer auf die Herausbildung des Chinabildes in Europa ausübten, gilt China als diesseitsorientiertes Land, als Land des nüchternen Konfuzianismus, obwohl es dies im ersten Jahrtausend ganz und gar nicht war und man dies auch für die spätere Zeit nur mit einer Reihe von Einschränkungen sagen kann. Verantwortlich für die abnehmende Bedeutung des Buddhismus war aber auch der Umstand, daß er nach 1000 n. Chr. aus Indien keine neuen Impulse mehr erhielt und in Zentralasien weitgehend vom Islam verdrängt worden war.

Bei der Verbreitung des Buddhismus in Ostasien spielte Korea vor allem als Brücke zwischen China und Japan eine große Rolle. Eines der zahlreichen Zeugnisse einer alten buddhistischen Tradition in Korea ist die Sammlung der alten Druckplatten für den buddhistischen Kanon in Chinesisch, die sich in einer Halle des Tempels Haein-sa findet.

Buddhismus in Japan: Die Anfänge

Aus einer japanischen Chronik aus dem frühen 8. Jahrhundert, dem Nihonshoki, geht hervor, daß im Jahre 552 n. Chr. der Herrscher des koreanischen Reiches Paekche in der Hoffnung, in dem Herrscher in Japan einen Verbündeten gegen seine Feinde zu finden, diesem ein vergoldetes Bronzestandbild des Buddha Śākyamuni und andere Gegenstände gesandt habe. Eine konservative Gruppe am japanischen Kaiserhof soll sich in der anschließenden Diskussion der neuen Lehre widersetzt haben. Tatsächlich aber war die Kenntnis des Buddhismus schon zuvor auf die japanische Inselgruppe gelangt, über die Seehandelswege, vor allem aber über die koreanische Halbinsel. Doch nach 552 gab es erhebliche und anhaltende Widerstände gegen den Buddhismus, und der Sieg des Buddhismus war dann vor allem der mächtigen Familie der Sōga zu verdanken, die den Buddhismus, der zunächst nicht viel mehr war als eine Religion der Reliquienverehrung, bei der Einführung eines zentralisierten Staates einsetzte.

Unter der Regentschaft des Prinzen Shōtoku-Taishi (573–621) wurde der Buddhismus im Jahre 594 unter staatliches Patronat gestellt, und in der Folgezeit, beginnend mit einer japanischen Delegation nach China im Jahre 607, herrschte ein reger Verkehr zwischen Japan und China, das in den Augen Japans das «Land des Buddhismus» war. Hier wurden die Grundlagen für die japanische Zivilisation gelegt, auch wenn autochthone Elemente weiterhin bestimmend bleiben sollten. Tatsächlich war die Einführung des Buddhismus gleichbedeutend mit einem Innovationsschub für Japan. Das Chinesische erst eröffnete Japan die Möglichkeit, sich die reiche chinesische Literatur, nicht zuletzt aber auch die Verwaltungstechnik der Chinesen anzueignen. Die chinesische Schrift diente auch als Grundlage für die Entwicklung einer eigenen Lautschrift für das Japanische, welches als Sprache vom Chinesischen grundsätzlich verschieden ist. Bemerkenswerterweise aber wurden nur wenige Schriften ins Japanische übersetzt, während die aus China nach Japan gebrachten Schriften in ihrer ursprünglichen Gestalt, wenn auch mit variierter Aussprache, gelesen wurden. Dies führte zu einem Nebeneinander verschiedener Sprachbereiche, ganz im Gegensatz zur Situation in China, wo alle fremden Texte ins Chinesische zu übersetzen und damit auch zu «sinisieren» waren. Dieser sprachlichen Situation entsprach auf der dogmatischen Ebene in Japan die Tendenz zum shintōistisch-buddhistischen Synkretismus.

Ein Jahr nach Shōtokus Tod, im Jahre 623, soll es nach Angaben früher Chroniken in Japan 46 buddhistische Tempel, 816 Mönche und 569 Nonnen gegeben haben. Das durch das chinesische Vorbild inspirierte Ideal eines zentralisierten Staates des Prinzen Shōtoku wurde zwar zu seinen Lebzeiten nicht vollendet, aber nach seinem Tode weiter verfolgt, auch nachdem die Macht auf eine andere Familie übergegangen war. Im Rahmen der Fiskalgesetzgebung wurde dem Saṅgha, der buddhistischen Mönchsgemeinde, Steuerfreiheit gewährt, und der Besitz der großen Tempel wurde durch Landschenkungen seitens der Zentralregierung ständig vermehrt. So wurde der Buddhismus stark an den Hof gebunden und blieb in der Nara-Zeit (710–784) im wesentlichen ein Buddhismus der gelehrten Priester.

Durchsetzung des Buddhismus

Insbesondere die in China schon ausgebildete Wertschätzung des Laienlebens und die Vorstellung, daß auch ein Laie die Buddhaschaft erlangen könne, öffneten dieser neuen Lehre auch in Japan die Türen zu größerer Anhängerschaft. Und ähnlich wie schon in China, wo der Buddhismus von Anfang an mit Gesundheitslehren verknüpft war, wurde er auch in Japan zunächst das Zentrum nicht nur für Frömmigkeit und Gelehrsamkeit, sondern auch für die Kunst des Heilens und für Sozialfürsorge überhaupt. Von solchen Gesundheitslehren mußten sich die institutionellen Vertreter der Klöster und Tempel jedoch distanzieren, um nicht schließlich die Verantwortung für Gesundheit und Wohlergehen übernehmen zu müssen. Es wurden daher geradezu Gesetze erlassen, welche den Mönchen die Ausübung von ärztlicher Tätigkeit untersagten. Dies konnte in Laienbewegungen etwas liberaler gehandhabt werden, die, angeführt zumeist von Priestern, buddhistisches mit sonstigem Brauchtum vermischten. Daraus entstand eine eher rustikale Religiosität, die in schroffem Gegensatz zu dem verfeinert akademischen und bürokratisierten Buddhismus der Hauptstadt stand. Eine weitere Brücke zum Volk bildete die Verbindung des Buddhismus mit dem Shintō. Diese Vermischung der shintōistischen Geister (*kami*) mit buddhistischen Gottheiten zeigte sich auch darin, daß die Sonnengöttin Amaterasu, als sie befragt wurde, ob sie mit der Errichtung des «Großen Buddha» (jap.: Dai-butsu) Vairocana in Nara einverstanden sei, zu erkennen gegeben haben soll, daß sie selbst nichts anderes sei als eine Erscheinung dieses Buddha.

Eine Emanzipation der weltlichen Regierung von der Bevormundung durch die Priesterschaft bedeutete die Verlegung der Hauptstadt nach Heian-kyō, das heutige Kyōto, die der Zeit ihren Namen gab (Heian-Zeit, 794–1185). In diese Zeit fällt auch eine Reform und ein Neuüberdenken der buddhistischen Lehre, die vor allem verbunden ist mit den beiden Lehrern Saichō, auch Dengyō Daishi genannt (767–822), und dem auch als Kōbō Daishi bekannten Kūkai (774–835). Beide schufen jeweils ein Lehr- und Übungssystem, womit sie für die Weiterentwicklung des japanischen Buddhismus alles Wesentliche vorprägten. Saichō, der in China studiert hatte, begründete das Tendai-Zentrum auf dem Berg Hiei, wo er für die Mönche eine zwölfjährige Meditationsschulung (*shikan*, chin.: *zhiguan*) durchführte. Kūkai hatte die esoterische Schule (Mizong) in China studiert und gründete nach seiner Rückkehr auf dem Berg Kōya ein Kloster, das zum Zentrum der Shingon-Schule wurde. Kūkai war der erste, der shintōistische Gottheiten als Bodhisattvas in den Buddhismus einführte. Auch sonst bezog er viele ursprünglich nicht mit dem Buddhismus verbundene Gedanken in sein Lehrgebäude mit ein und entwickelte eine Stufentheorie des religiösen Bewußtseins, bei der er die zehnte und höchste Stufe, in der nicht mehr nur die «Krankheit des Geistes» geheilt, sondern die wirkliche Wahrheit erfaßt wird, mit der Shingon-Lehre gleichsetzte. Die Geheimnisse dieser Lehre im Shingon («Wahres Wort») wurden vom Meister auf den Schüler unmittelbar weitergegeben und waren nicht öffentlich, sondern als von dem kosmischen Buddha Vairocana dargelegte absolute Wahrheiten nur dem Initiierten zugänglich. Dabei standen nicht Texte mit ihren Inhalten, sondern das Ritual, darunter Mantras, im Vordergrund, und nicht zuletzt bildhafte Darstellungen, weswegen den Maṇḍalas im Shingon eine bedeutende Rolle zukommt.

Auch diesen Begründern der Tendai (chin.: Tiantai)- bzw. Shingon-Schule, bei denen es sich ja zugleich um Reformbewegungen handelte, gelang es trotz ihrer Kritik an den alten Schulen sehr rasch, erneut die Förderung des Tennō-Hauses zu gewinnen. So konnte der Buddhismus seinen Einfluß in allen Bereichen sichern, der sich in der Malerei, der Plastik, der Literatur, der Musik, aber auch im Politischen niederschlug. Umgekehrt begründete diese Vermischung die spezifisch japanische Eigenart des Buddhismus, so daß die späteren Entwicklungen nur als Varianten, Vereinfachungen oder Auswahl von Teilen der Lehrgebäude der genannten beiden großen religiösen Denker erscheinen. Es entstanden in der Weiterentwicklung der chinesischen Landschaftsarchitektur Tempel- und Klosteranlagen, deren Ausstrahlung bis in die Gegenwart spürbar ist, besonders in Kyōto, Nara, Kamakura oder auf dem Berg Kōya. Dem Esoterismus Kūkais, einer Form des Tantrismus, schlossen sich auch die Nachfolger Saichōs weitgehend an, so daß von diesen Schulen die durch bestimmte Handlungen und Riten begleitete Lebenspraxis in der Welt geprägt wurde. Wesentlich dabei war, die eigene Buddhanatur zu erkennen, eine Haltung, die nicht nur zur Realitätsbejahung führte, sondern diese geradezu voraussetzte. Die buddhistischen Schulen rivalisierten zeitweise in China ebenso wie in Japan, nur war es der Zentralregierung Chinas seit der Bürokratisierung der Song-Zeit gelungen, den Klerus zu disziplinieren, was in Japan erst das Tokugawa-Regime vermochte.

Einen prägenden Einfluß innerhalb des Buddhismus übte der Meditationsbuddhismus in Japan aus, der sich während der Tang-Zeit in China ausgebildet hatte und bereits zu jener Zeit auch in Japan wahrgenommen worden war. Immer wieder gab es Sektengründungen, wobei die komplizierten philosophischen Gedankengänge in den Lehren dieser Sekten dem einfachen Volk zumeist unverständlich blieben. So ist es auch zu erklären, daß das im 9. Jahrhundert ausgebildete System eines esoterischen Buddhismus, der vom kaiserlichen Hof als Religion, die «den Staat beschützt», angenommen wurde, in den folgenden Jahrhunderten allmählich zu bloßer Magie verflachte. Im 12. und 13. Jahrhundert wurden neue Sekten oder Schulen gegründet, die durch neue Rituale und leicht verständliche Lehren dem Volk eine stärkere Teilnahme am religiösen Leben ermöglichten. Amidismus, Zen und die Lehre des Nichiren sind die drei großen Formen buddhistischer Religiosität jener Zeit. Nichiren (1222–1282) war der letzte Reformator und Sektengründer der Kamakura-Zeit, mit dessen Namen im 20. Jahrhundert gewisse nationalistische Tendenzen verbunden werden. Unter den folgenden Ashikaga-Shōgunen (1336–1568) trat besonders Yoshimitsu (1358–1408) als Förderer des Zen in Erscheinung. Vor allem aber wurde das Erscheinungsbild des Buddhismus durch einzelne Priesterpersönlichkeiten geprägt. Neben den wandernden Mönchen gab es auch martialisch auftretende «Schwertmönche», die gelegentlich in kriegerische Auseinandersetzungen mit einzelnen Feudalherren (*daimyō*) traten.

Die Vielfalt des Buddhismus ist in Japan groß. Dies hat mehrere Gründe. Einmal hat Japan aus China bzw. von dort über Korea nahezu sämtliche buddhistischen Schulen, und zwar in mehreren Phasen, aufgenommen, zum anderen entwickelten sich die Schulen weiter und verbanden sich, geknüpft an bestimmte Orte und Tempel, mit ganz unterschiedlichen lokalen Traditionen. Ganz anders als in China, wo der Buddhismus bei einer aristokratischen Elite zunächst als Philosophie verstanden wurde, hatte man in Japan von Anbeginn diese Lehre als eine theistische Religion empfunden, in der man die Buddhas und Bodhisattvas als wohlwollende Gottheiten verehrte. Dies war einer der wichtigsten Gründe dafür, daß es der neuen Lehre in Japan gelang, die lokalen Kulte fast vollständig zu assimilieren. Darüber kann auch nicht der seit dem 14. Jahrhundert entstehende und sich auf alte Ur- und Nationalreligion berufende Shintōismus hinwegtäuschen, der in Wirklichkeit sowohl von Theorien des tantrischen Buddhismus als auch von chinesischen kosmologischen Gedanken (Yin-Yang-Lehre) durchdrungen ist und in seiner heutigen Erscheinung erst selbst ein Resultat einer nationalen Neubesinnung seit dem Ausgang des 19. Jahrhunderts darstellt.

Die Übernahme der Macht durch die Tokugawa-Familie im Jahre 1600 bedeutete infolge der geringen Kontakte Japans mit der Außenwelt eher eine Stagnation des Buddhismus und eine stärkere Anpassung, wenn nicht Unterwerfung an bzw. unter die politischen Machtverhältnisse. Allein in der Zen-Tradition finden sich belebende Impulse, vor allem verbunden mit dem Namen Hakuin (1686–1769), der als zweiter Gründer der Rinzai-Schule gilt. Die politischen Verhältnisse begünstigten indes eher eine japanische Spielart des Konfuzianismus in Verbindung mit neu erwachsenden Shintō-Kulten. Dramatische Konsequenzen hatten dann aber die erzwungene Trennung zwischen Shintō und Buddhismus und Enteignungen der buddhistischen Tempel zu Beginn der Meiji-Periode (1868–1912). Doch rasch setzte eine Gegenbewegung ein, die zu einer Erneuerung des Buddhismus, zu akademischer Buddhismusforschung sowie zur Gründung neuer Schulen führte, von denen manche, insbesondere nach dem Zweiten Weltkrieg, als neue Religionen und Sekten auftraten, die jedoch ihr buddhistisches Erbe nicht verleugnen können und wollen. Im Zuge der Säkularisation des Klosterbesitzes haben sich manche Mönche der Gelehrsamkeit zugewandt, innerhalb oder außerhalb neu entstehender buddhistischer Bildungseinrichtungen, darunter einigen Universitäten. Neben religionsgeschichtlichen Studien haben sich daraus auch international anerkannte philosophische Schultraditionen gebildet, wie die mit dem Namen Nishida Kitarō (1870–1945) verbundene Kyōto-Schule der Philosophie.

«Japanischer Buddhismus» ist heute ein Sammelbegriff für eine Vielzahl von alten und neuen Sekten und Schulen, wobei mit Sekten ganz wertfrei «Sonderentwicklungen» bzw. «Abspaltungen» gemeint sind. Dabei erfaßt er Formen des Aberglaubens und der Magie ebenso wie die tiefen philosophischen, in strenger geistiger Disziplin und mystischer Erfahrung gewonnenen Erkenntnisse, die auch im Westen große Beachtung finden.

4. Einzelne Schulen und Sonderformen

Die Schulenbildung in China

Einzelne Schulen, Lehrrichtungen und Auslegungstraditionen hatten sich, wie wir sahen, seit den Anfängen der Lehre gebildet. Dies lag an den Auslegungsmöglichkeiten sowie den unterschiedlichen Interessenlagen der Anhänger, die sich bei der Verbreitung in anderen Kulturen, insbesondere dann im chinesischen Kulturzusammenhang mit seinen bereits bestehenden philologischen und philosophischen Denktraditionen, vervielfachten. Dort, wo man wenig über die Sekten- und Schulentwicklung in Indien und Zentralasien wußte, führten eigene Impulse dazu, daß sich neue Schulen bildeten. Neben den speziell auf die Mönchsregeln achtenden Ritualspezialisten bildeten sich einzelne Auslegungsgruppen heraus, die sich auf bestimmte Schriften oder aber auf bestimmte Heilswege wie zum Beispiel Meditationspraktiken stützten. Gefördert wurden diese «Schulen» durch Rivalitäten sowie durch weltliche Machthaber. Deswegen sind Blüte und Verfall mancher Schulen mit den wechselnden politischen Machtverhältnissen in Zusammenhang gebracht worden.

Besonders aber wegen der Unterschiedlichkeit der einzelnen Texte des Mahāyāna profilierten sich in China bald Auslegungsschulen gegeneinander, von denen sich manche auf eine einzige kanonische Schrift oder eine Gruppe von Schriften stützten, während andere zwar den gesamten Kanon anerkannten, daraus aber doch einem Text den Vorzug vor allen anderen gaben. Zu letzteren zählen die Tiantai (jap.: Tendai)- und die Huayan (jap.: Kegon)-Schule, die allerdings zwar selbst große Erfolge hatten, aber insbesondere bei der schriftunkundigen Bevölkerung weniger oder gar keine Beachtung fanden.

Die Tiantai-Schule, gegründet von Zhiyi (538–597) und auf dem *Lotos-Sūtra* basierend, gilt als die älteste der sogenannten «chinesischen» Schulen. Sie sieht in Nāgārjuna ihren ersten Patriarchen. Nach Auffassung der Tiantai-Schule sind alle Erscheinungen der Welt Ausdruck der «Soheit» (*tathatā*). Nach der Lehre von den «drei Wahrheiten» besitzen die Dharmas keine unabhängige Wirklichkeit, können aber wahrgenommen werden. Das Ganze und seine Teile sind eins, und alle Dharmas sind miteinander verschmolzen und enthalten einander. Diese Schule erlebte ihre erste Blüte zur Zeit der Sui-Dynastie mit ihrem Gründer Zhiyi, dessen Hauptwerk *Mohe zhiguan* neben dem *Lotos-Sūtra* der zentrale Text der Tiantai-Schule wurde und der eine wichtige Rolle bei der Gewinnung der Loyalität der Oberschicht im Südosten Chinas spielte. Die Praxis der Meditationsmethode *zhiguan* besteht aus der Konzentration (*zhi*) auf die Tatsache, daß alle Dharmas leer sind, der die Einsicht folgt, daß diese leeren Dharmas zeitweise dennoch existieren. Diese Schule ist gekennzeichnet durch Einigungsbestrebungen; um auf dem Gebiet der Lehre zu einer Versöhnung unterschiedlicher Standpunkte zu gelangen, wurde die Theorie der «unterschiedlichen Lehren» (*panjiao*) bzw. der «fünf Perioden und acht Lehren» formuliert.

Die andere der sog. «philosophischen» Schulen des Buddhismus ist die Faxiang-Schule, die seit Xuanzangs Rückkehr aus Indien im Jahre 645 bis zur Usurpation des Thrones durch Kaiserin Wu im Jahre 690 den Buddhismus in der Hauptstadt bestimmte und deren Erfolg nicht zuletzt auf der Beziehung Xuanzangs zu den Herrschern Taizong und Gaozong beruhte. Doch auch über die Zeit offizieller Geltung hinaus behielt diese Schule, welche von Maitreyanātha, Asanga und Vasubandhu begründet worden war und die Lehren des Yogācāra weiterführt, eine nicht unerhebliche Bedeutung. Ihr galten die erkannten Dinge, denen keine eigene Existenz zukommt, nur als Resultate von Erkenntnisvorgängen. Die Außenwelt ist demnach nicht objekthaft, sondern Projektion des eigenen Bewußtseins. Der Begriff des «Speicherbewußtseins» (*ālaya-vijñāna*) ist der zentrale Begriff dieser «Nur-Geist»-Theorie der Yogācāra-Tradition. Dieses «Speicherbewußtsein» ist als Ansammlung aller früheren Eindrücke die Grundlage für das Erkennbare. Frühere Individualität geht danach in das «Speicherbewußtsein» ein, aus dem sich eine neue scheinbare Individualität bildet, deren karmische Verstrickung nur aufgehoben wird, wenn die Illusion, es gebe eine vom Geist getrennte Objektwelt, als solche erkannt wird.

Die Huayan (jap.: Kegon)-Schule des Fazang (643–712), die Dushun (557–640) und Zhiyan (602–668) als ihre ersten beiden Patriarchen betrachtet und die im Jahre 740 nach Japan gebracht wurde, lehrt, daß im Universum alles aus sich heraus und alles in gegenseitiger Bedingung zueinander entsteht. Auf das *Huayanjing* («Sūtra der Buddha-Girlande», skrt.: *Avataṃsaka-Sūtra*) bezog sich die Kaiserin Wu Zetian, die den Tang-Thron usurpierte, die ihr Reich als Abbild eines kosmischen Reiches betrachtet wissen wollte und die mit dieser Lehre ihre Usurpation rechtfertigen zu können glaubte. Eine Vermischung der Schulen und gegenseitige Beeinflussung führten aber immer wieder zu einer Auflösung der Schulgrenzen, wie etwa im Falle Chengguans (737–838) und Zongmis (780–841), dem vierten bzw. fünften Patriarchen der Huayan-Schule, die stark von der Meditationstradition der Chan-Schule beeinflußt waren und zu einem Synkretismus tendierten. Alle diese Schulen aber blieben weitgehend beschränkt auf eine Anhängerschicht unter den Gebildeten.

Erfolgreicher bei weiten Teilen der Bevölkerung war hingegen die Reine-Land-Schule. Diese sich auf Amitābha berufende Schule geht auf die chinesischen Mönche Tanluan (476–542) und vor allem Shandao (613–681) zurück und gründet auf den in der Mitte des ersten Jahrtausends besonders lebendigen Endzeitvorstellungen von der «Endphase der Lehre» (chin.: *mofa*, jap.: *mappō*). Diese Lehre, die Elemente des einheimischen Daoismus adaptierte, versprach die Wiedergeburt im Paradies des Westens, im Reinen Land. Konzentration auf die rettende Kraft Amitābhas verbunden mit der immer wieder, manchmal mehrtausendfach an einem Tag wiederholten Gebetsformel «Gelobt sei Buddha Amitābha» sind Voraussetzungen für die Möglichkeit, im Reinen Land wiedergeboren zu werden. Diese Schule vermischte sich mit Elementen anderer Schulen, und in der späten Kaiserzeit waren die meisten Klöster Chinas von einer Mischform aus Meditationsbuddhismus (Chan oder Zen) und Reine-Land-Lehre geprägt. Das Ideal des Chan/Zen der inneren Erleuchtung durch Verwirklichung der eigenen «Buddhanatur» verband sich dabei mit der Vorstellung, das wahre Reine Land könne man in sich selbst entdecken. Wege dazu suchte man etwa in der Meditation über bestimmte Sätze und Sinnsprüche (*gong'an/kōan*). In Korea und in Japan wurden diese Lehren aufgegriffen und weiterentwickelt, etwa in Japan von dem Gründer der Wahren Schule vom Reinen Land (Jōdo-Shinshū), dem Reformer Shinran Shōnin (1173–1262).

Daneben gab es einige Schulen, die sich auf hīnayānistische Traditionen beriefen, wie die Chengshi-Schule, die sich auf den

Text *Satyasiddhi* («Vervollkommnung der Wahrheit», chin.: *Chengshi lun*) des Sarvāstivāda-Gelehrten Harivarman (zwischen 250 und 350 n. Chr.) stützte, den Kumārajīva ins Chinesische übersetzt hatte, und die Jushe-Schule, die aus der Auslegungstradition zu dem Werk *Abhidharmakośa* des Vasubandhu hervorgegangen war. Die Chengshi-Schule vertrat die Auffassung, daß sowohl die Dharmas als auch das Selbst nicht existierten, während die Jushe-Schule von der Existenz beider ausging. Die dritte allgemein als Hīnayāna-Lehre bezeichnete Schule war die Vinaya-Schule (Lüzong), deren wichtigster Vertreter der Tang-Mönch Daoxuan war. Wichtig waren die Vinaya-Spezialisten deswegen, weil sie als Garanten für die Ordenszucht des Saṅgha auftraten und zumeist die Rolle der buddhistischen Geschichtsschreiber wahrnahmen. Ihnen verdanken wir die Sammlungen von Biographien von Mönchen und Nonnen sowie die Aufzeichnungen der innerchinesischen Debatten über den Buddhismus.

Andere Schulen waren die Nur-Bewußtseins-Schule (Weishi lun), die sich in der Nachfolge der Yogācāra-Lehre sah, und die Schule der Drei Abhandlungen (Sanlun zong). Diese Schule führte die Mādhyamaka-Lehre des Nāgārjuna fort und kam durch Kumarājīva nach China. Weiter gab es die esoterische Wahres-Wort-Schule (Zhenyan zong), die dann in Tibet und Japan, dort als Shingon, größere Beachtung finden sollte, während sie in China keine weitere Wirkung zeigte.

Tantrismus

Die sich an der Bodhisattva-Gestalt erweisende Vollkommenheit der Weisheit durch die Verbindung der Einsicht in die Leerheit mit der gleichzeitigen Hintanstellung der eigenen Erlösung führt zwangsläufig zu einem Widerspruch, den der Tantrismus reformuliert. In dieser zu den esoterischen Lehren gezählten Richtung wird die Einheit des Wissens und die Methodik des mitleidvollen Tätigseins in mystisch-ritueller Symbolik dargestellt, auf Thankas – das sind in Seidenstoff eingefaßte Rollbilder – und in (zumeist in Bronze gegossenen) Figuren oder in anderen bildlichen oder gestischen Darstellungen ebenso wie in

Klosterritualen. Im Ritual werden die Verbindungslinien von Mikrokosmos und Makrokosmos, von Materie und Geist, von *saṃsāra* und *nirvāṇa* wirksam und eine Verbindung mit der angerufenen Gottheit angestrebt. Verstärkt wird dieser Vereinigungsimpuls durch ein System vielseitiger Entsprechungen. Nach dieser Vorstellung verweisen alle einzelnen Gottheiten und Buddhas auf einen Urbuddha. Bei dem tantrischen Buddhismus handelt es sich um eine in der Mitte des ersten Jahrtausends n. Chr entstandene Sonderform des Mahāyāna-Buddhismus, dessen Ursprünge noch immer im dunkeln liegen. Der Ausdruck *tantra*, wörtlich: «Gewebe», «Textur», bezieht sich auf schriftlich fixierte Texte sowie ein rituelles System, von dem dessen Anhänger glauben, daß es zusammen mit bestimmten meditativen Praktiken das wirkungsvollste Mittel zur Erlösung, aber auch zur Erlangung magischer Macht darstellt. Zugang hierzu wird durch Initiation bzw. durch eine Abfolge von aufeinander aufbauenden Initiationen gewährt, wodurch ein Statussystem etabliert wird, das den Unterschied zwischen Klerus und Laienstand prinzipiell nicht mehr kennt. Auch wenn viele tantrische Rituale keine sexuelle Komponente haben, ist die sexuelle Konnotation doch überdeutlich und führt in manchen Fällen auch zu Geschlechtsverkehr als Mittel zur Erlösung durch Eindringen in die Weisheit (*prajñā*). So haben in einigen tantrischen Traditionen die Mönche weibliche Partner. Hier ist die Nähe zur hinduistischen Śakti-Frömmigkeit unverkennbar, bei der die Gemahlin Śivas, Śakti, als «Göttliche Kraft, Fähigkeit, Potenz» im Zentrum steht.

Für den buddhistischen Tantrismus ist der Sanskrit-Ausdruck Mantrayāna («Fahrzeug magisch wirksamer Sprüche») oder auch Vajrayāṇa («Blitz»- oder «Diamant-Fahrzeug»; *vajra*, wörtl. «diamanthart», assoziiert mit dem erigierten Penis) gebildet worden, wobei mit «Blitz» die letzte Wirklichkeit, die Leere, gemeint ist. Anhänger des Vajrayāṇa, z. B. die Tibeter, betrachten das Hīnayāna und das Mahāyāna lediglich als Vorstufen der eigenen Lehre. Das Vajrayāṇa wird wegen des Vollzugs anstößiger Praktiken auch mit dem «linkshändigen» Tantrismus gleichgesetzt, der den Buddhas und Bodhisattvas weibliche Entsprechungen, z. B. Tārā, zuordnet, während der «rechtshändige» Tantrismus die Verehrung männlicher Gottheiten bevorzugt.

Die im Tantra gebrauchten, zum Teil auf alten Traditionen gründenden und als magisch wirksam gedachten, mit Kraft geladenen Silben oder Formeln (*mantra* und *dhāraṇī*), die Kosmogramme (*maṇḍala*) und die Vorschriften für rituelle, zur Konzentration innerer Kräfte gedachten Handbewegungen (*mudrā*) haben im Westen gelegentlich zu Befremden Anlaß gegeben. Doch sollte nicht übersehen werden, daß es sich hierbei um genau festgelegte Rituale mit symbolischer Bedeutung handelt. Das oft zitierte «oṃ maṇi padme hūṃ» («Oṃ, der Diamant [befindet sich] im Lotos») steht für die Existenz des Gesetzes in der Welt ebenso wie für die Vereinigung des Buddha bzw. Bodhisattva mit seiner Tārā. Bestimmte Ritualtexte und dazugehörige Meditationsübungen (Śādhana, wörtl.: «Mittel zur Vollendung») werden dem Gläubigen von einem Meister (Guru) vermittelt, der auch das der spezifischen Gottheit zugeordnete Mantra festlegt. Typisch für den Tantrismus ist die Verwendung von als *maṇḍala* bezeichneten Kosmogrammen, in die sich der Gläubige versenkt und mit denen er es zu einer mystischen Vereinigung kommen läßt. Schon die Herstellung solcher Maṇḍalas, die oft in der Form von Thankas gestaltet sind, ist eine verdienstvolle Handlung. Als Hilfe zur Meditation und als Gedächtnisstütze zur Visualisierung bei der Ausübung eines Sādhana sind sie zum zentralen Kultgegenstand im tantrischen Buddhismus Tibets geworden, spielen aber auch in anderen esoterischen Traditionen wie dem japanischen Shingon eine wichtige Rolle.

IV. Chan/Zen-Buddhismus

1. Meditationstraditionen und die Anfänge des Chan-Buddhismus

Traditionen der Versenkung

Meditationstechniken, Formen der Versenkung, verbunden mit bestimmten Techniken der Körperhaltung, des Atmens und der Gedankenführung bildeten von Anfang an Elemente der Heilssuche im Buddhismus, der daher immer schon auch Meditationsbuddhismus war. Nur das Gewicht, das auf Meditation gelegt wurde, variierte. So ist auch die als Chan oder (Japanisch) Zen bezeichnete Richtung eine besondere Ausprägung buddhistischer Frömmigkeit und Praxis, die hier nicht nur deswegen gesondert behandelt werden soll, weil sie im Westen als Sonderform wahrgenommen worden ist, sondern auch, weil es sich hierbei um eine im Kontext der chinesischen Kultur entstandene Form buddhistischer Frömmigkeitspraxis handelt.

«Chan» oder «Zen» ist die Umschrift der chinesischen bzw. japanischen Aussprache des chinesischen Schriftzeichens, das heute «Chan» (lies: tschann) gelesen wird und welches im mittelalterlichen China den Sanskrit-Ausdruck *dhyāna* (Meditation, Versenkung) wiedergab. Zwar war, wie gesagt, der Weg zur Erleuchtung von Anbeginn an mit Meditationsformen verknüpft, und in dieser Verbindung war er auch nach China gelangt, wo eigene Traditionen der Versenkung und der Meditation hinzutraten. Bereits aus dem dritten Jahrhundert finden wir Berichte von Meditationspraktiken chinesischer Buddhisten. Die Abwertung alles Irdischen verband sich hier mit einer pessimistischen Grundstimmung bei Angehörigen der gesellschaftlichen Elite sowie mit einer spekulativen, als metaphysisch zu bezeichnenden Denktradition, die aufgeschlossen war für den Gedanken der Leere aller Dinge.

Für die Entwicklung des Chan/Zen war das Zusammentreffen einer Reihe von Elementen konstitutiv. Die im Mahāyāna entwickelte Vorstellung von der Buddhanatur jedes Lebewesens verband sich einerseits mit der Überlieferungskritik und der Skepsis gegenüber tradierten Texten und Auslegungen und andererseits mit der zunehmenden Bedeutung von Überlieferungslinien in der mündlichen Unterweisung und in der Praxis der Versenkung. So kam es, daß sich während der Tang-Zeit Schulen herausbildeten, die nicht mehr um einen Text, sondern um einen Meister und dessen Lehre zentriert waren. In einer radikalisierten Form wurden auch die Lehrer in Frage gestellt, doch blieb die «Weitergabe der Lehre von Herz zu Herz, jenseits der schriftlichen Überlieferung» im Zentrum der Chan/Zen-Lehre. Verstärkt und gestützt wurde diese Tendenz durch daoistische mystische Traditionen sowie durch Elemente in der chinesischen Bildungselite eingeübter Diskurse, die sich nicht nur auf die Handhabung der Sprache, sondern auch auf den künstlerischen Umgang mit der Realität beziehen. So nur ist zu verstehen, daß diese sich aus Indien herleitende Lehre in so prägnanter Weise alle Elemente chinesischer Gelehrtenkultur, von der Kalligraphie und der Malerei über die Dichtung bis hin zur Einübung der Umgangssprache, beleben und von dieser ihrerseits belebt werden konnte.

Bodhidharma

Das, was gemeinhin im engeren Sinne unter der Bezeichnung «Chan» oder «Zen» als Meditationsbuddhismus verstanden wird, beginnt der Legende nach erst mit Bodhidharma (wirkte angeblich zwischen 480 und 520 n. Chr.), der kurz vor seinem Tode, aus Indien kommend, im südlichen China aufgetreten sein und die Lehre verbreitet haben soll. Von ihm wird berichtet, er habe sich ganz auf die Meditation gestützt und jede schriftliche Überlieferung abgelehnt, während er anderen Berichten zufolge ein Anhänger der Lehre des die innere Erleuchtung betonenden *Laṅkāvatāra-Sūtra* (wörtl.: «Sūtra über das Hinabsteigen nach Laṅkā») gewesen sein soll. Auch soll Bodhidharma den das südliche China beherrschenden Kaiser Wudi der Liang-Dynastie (reg. 502–549) getroffen haben.

Im Chan/Zen fand entsprechend der Bodhidharma zugeschriebenen und auch durch das *Laṅkāvatāra-Sūtra* gestützten Lehre die Lehrübermittlung «außerhalb der Schriften» statt. Strenggenommen richtete sich die Lehre ohne Worte unmittelbar auf die Seele des Menschen und wurde von Meister zu Schüler in Übungen vermittelt. Dennoch spielen auch hier einige Texte eine wichtige Rolle, neben dem *Laṅkāvatāra-Sūtra* das *Diamant-Sūtra* und natürlich die Textsammlungen einzelner Meister. «Erleuchtung», treffender bisweilen als «Erwachen» übersetzt (jap.: *satori*), war das Ziel, wozu die unterschiedlichsten, darunter auch gänzlich unkonventionelle Praktiken gehörten. Ein besonderes Mittel war das *kōan* (wörtl.: «öffentlicher Fall»; chin.: *gong'an*), eine Sentenz, einen Fall darstellend, der, nicht lösbar und dem Verstand unzugänglich, dem Einzelnen zur Transzendierung seiner eigenen Verstandesgrenzen verhelfen konnte, oder einfach die Meditation (*zuochan*, jap.: *zazen*). Daher heißt der Zen-Weg auch «Erleuchtungsweg». Trotz der Distanz zur schriftlichen Überlieferung ist für das Zen die kosmische Lehre des Mahāyāna grundlegend. Insbesondere spielte die auch im Daoismus zentrale begriffliche Negation eine grundlegende Rolle, wie beispielsweise die Begriffe vom Nicht-Sein (*wuyou*), Nicht-Handeln (*wuwei*), Nicht-Denken (*wunian*) und Nicht-Bewußtsein (*wuxin*). Im Zen herrscht neben der Meditation und der stillen Praxis das Gespräch vor, bei dem es um die Aufdekkung der Irrtümer geht, um die Befreiung, darum, das Nicht-Denken zu denken, Klarheit des Bewußtseins zu erlangen.

Die Erleuchtung

Vorausgesetzt, jedem Lebewesen ist die Buddhanatur eigen, die Leerheit als Natur, die Natur-Leerheit, dann sind alle Eigenschaften wie Sünde, Armut, Krankheit nur äußerlich, dann erscheint das Ich, das in die Kausalität verwickelte Ich, als Illusion. Die Buddha-Natur ist von aller Kausalität frei, und im Moment der Erleuchtung (*bodhi;* jap.: *satori*), im Innewerden der Leere, die der Mensch selbst ebenso wie das gesamte Weltall ist, aus welchem Moment allein die wahre Freiheit des Menschen entspringt, wird dies deutlich. Dem Dilemma, das darin liegt, daß der Mensch immer schon dem Gesetz der Kausalität unterliegt und daß es keinen Zufall gibt, diesem Dilemma entkommt der Suchende nur innerhalb der Kausalität. Denn das, worum sich die Kausalität dreht, ist die Leerheit, die Buddhanatur. Daher ist der Mensch bei aller Verstrickung in der Lage, sich dem Guten zuzuwenden und das Gute zu üben, wenn er sich nur an seine Buddhanatur hält. Die Metaphern hierfür sind zahlreich: der einem spiegelglatten See gleichende Seelenzustand, klar wie ein makelloser Spiegel oder rein wie die sich in ihrer vollkommenen Reinheit aus dem Morast ins Licht erhebende Lotosblüte. Es geht um die Ruhe innerhalb aller vermeintlichen Gegensätze, um das Nirvāṇa, zu dem wir durch eine Hinüberfahrt (*pāramitā*) gelangen, allerdings nur bildlich, denn das Nirvāṇa ist – und für diesen Gedanken hatte die Mādhyamaka-Philosophie die Grundlage geschaffen – im Hier und Jetzt.

2. Die Schulen und Huineng

Die Linie der Patriarchen

Der späteren Geschichtsschreibung war offenbar daran gelegen, bestimmte Überlieferungslinien, Lehrer-Schüler-Beziehungen und Zusammengehörigkeiten zu etablieren, auch wenn dies zum Teil nur Projektionen in die Vergangenheit waren. Auf Buddha führten sich alle Zen-Schulen zurück. Mit Bodhidharma, dem 28. indischen und ersten chinesischen Patriarchen, beginnt, wie gesagt, die Tradition in China, und auf seinen Enkelschüler Huineng (638–713), den Sechsten Patriarchen, führten sich alle späteren Zen-Schulen zurück. Doch erst lange nach dessen Tod entstand das ihm zugeschriebene *Sūtra des Sechsten Patriarchen*, von dem eine Handschrift aus der Mitte des 9. Jahrhunderts erhalten ist. Ein wichtiges Element darin ist der legendäre Bericht über die Nachfolge vom Fünften zum Sechsten Patriarchen, ein Thema, das übrigens viel zur Lebendigkeit der Lehrüberlieferung beigetragen hat und schon der Unterhaltsamkeit wegen den Texten Aufmerksamkeit verschaffte. Auf Geheiß ihres Lehrers Hongren sollten die Schüler ein Gedicht schreiben. Shenxiu verfaßte folgende Zeilen:

Der Leib ist der Baum der Erleuchtung (*bodhi*),
Der Geist gleicht einem aufgestellten klaren Spiegel.
Allzeit suche ihn abzuwischen!
Daß nicht ein Staubkorn darauf sei!

Zwar lobte der Meister die Verse, doch genügten sie ihm nicht. Der des Lesens unkundige junge Mönch Huineng ließ sich die Verse vorlesen und dichtete folgende Zeilen, die ein des Schreibens kundiger Klosterknabe an die Wand schrieb:

Erleuchtung hat gar keinen Baum,
Noch gibt es einen Ständer mit einem klaren Spiegel.
Die Buddhanatur ist immer rein und klar.
Wo könnte sich da ein Staubkorn ansetzen?

In einer anderen Fassung heißt es in der vorletzten Zeile «Von Anfang an gibt es kein einziges Ding». In gewisser Weise konnten die Zen-Meister an Überlieferungen aus der Frühzeit des Buddhismus anknüpfen, wenn sie wieder auf den Dialog und zugleich auf die Unhintergehbarkeit der Wahrheit setzten. So soll Buddha seinem Schüler Ānanda, als dieser vorgab, den Zusammenhang des Entstehens in Abhängigkeit verstanden zu haben, entgegnet haben:

Sage dies nicht, Ānanda, sage dies nicht. Tief ist dieses Entstehen in Abhängigkeit und tiefscheinend. Weil sie diese Lehre nicht entdecken und nicht durchdringen, gelangen diese Leute, verwirrt wie ein Knäuel, beulenbedeckt, Grashalmen gleich auf den Abweg, den schlechten Weg, zum Absturz und gelangen nicht aus dem Werdekreislauf heraus.» (Dieter Schlingloff, Die Religion des Buddhismus I, Berlin 1966, S. 97)

Der späteren Schulbildung war der Umstand wichtig, daß schon in der auf das Gedicht des Huineng folgenden Nacht der Meister diesen als seinen Nachfolger einsetzte. Auf ihn beriefen sich daher alle späteren Zen-Schulen, doch herrschte zunächst eine Vielfalt von Lehren und Richtungen. Die dem Schüler Huinengs Shenhui (684–758) zugeschriebene Durchsetzung eines die plötzliche Erleuchtung lehrenden Zen wurde lange Zeit als gegen die mit dem Norden verknüpfte Lehrmeinung von der allmählichen Erleuchtung ausgespielt, doch ist eine solche geradlinige Rückführung der späteren Zen-Schulen auf die südliche Richtung der Lehre von der plötzlichen Erleuchtung historisch nicht zu halten.

Das 8. und 9. Jahrhundert wurden zur Hochblüte des Chan/Zen in China. Es entstanden Werke in Dialogform, die in ihrer Originalität zum Vermächtnis des Zen wurden und bis in die Gegenwart wirken. Ein ganz neues Weltverhältnis und eine Kultur der Geistigkeit entstand, die in alle Lebensbereiche und nicht zuletzt in die Künste ausstrahlte. So sind hier nicht nur die großen Zen-Meister wie Meister Mazu Daoyi (709–788), Linji Yixuan (starb 866) und Yunmen (864–949) zu nennen, sondern auch Dichter wie Wang Wei (701–761) und der große Theoretiker Zongmi (780–841), der in den Schul- und Richtungsstreitigkeiten vermittelte und deswegen auch als Synkretist bezeichnet wurde. Er, der sowohl der Huayan-Schule wie der Südlichen Chan-Schule zugerechnet wird, verfaßte den für den Buddhismus in Ostasien zentralen Traktat «Von der Natur des Menschen» (*Yuanren*). Die Ausweglosigkeit im rationalen Erkenntnisprozeß im Vorfeld der Erleuchtung, die Ablehnung des Bücherwissens und die entscheidende Bedeutung des Vertrauens (*xin*) ganz allgemein, aber auch auf das Lehrer-Schüler-Verhältnis bezogen, werden besonders deutlich bei Linji Yixuan, über den wir vor allem aus dem *Linji lu* wissen und dessen Lehre bis in die Gegenwart vor allem in Japan eine große Rolle gespielt hat. Für die Klosterregeln der Chan/Zen-Tradition wurde Baizhang Huaihai (720–814) wichtig, auf dessen Vorschriften sich bis heute die Zen-Klöster beziehen. Gewiß ist dessen «ora-et-labora»-Lehre («ein Tag ohne Arbeit ist ein Tag ohne Essen») eine spätere Zuschreibung, denn das erste Regelwerk für Chan/Zen-Mönche ist das im Jahre 1103 von einem Mönch Changlu Zongze zusammengestellte *Chanyuan qinggui*.

Während der Kamakura-Zeit (1185–1333) fand die Lehre des Meditationsbuddhismus vollends Eingang in Japan, namentlich durch den Tendai-Mönch Eisai (oder: Yōsai, 1141–1215). Dieser hatte sich in China in der Lehre und Praxis des Linji (jap. Rinzai) ausbilden lassen. Mit seinem Namen ist die Einführung des Teetrinkens in Japan verbunden. Neben dieser Schule des Rinzai-Zen, die fast immer gemeint ist, wenn von den Zen-Künsten, den «Wegen» und der Kultur Japans die Rede ist, gibt es noch eine andere, mit dem Namen des Mönches Dōgen (1200–1253) verbundene Zen-Schule (Sōtō-Zen), die auf der Einheit von Übung und Übungsziel besteht. In seinem Hauptwerk *Shōbōgenzō* («Schatztruhe des wahren Dharma-Auges») wird die zentrale Einsicht seiner Lehre dargelegt, daß nämlich «der Weg das Ziel» sei. Das Prozeßhafte und die Vergänglichkeit stehen im Vordergrund. Spätere Wege, wie Teeweg, Blumenweg, Weg des Bogenschießens, repräsentieren diese von Dōgen geforderte Einheit, geht es doch darum, daß die Ausübung ein Wert an sich ist, Weg und Ziel zusammenfallen. In der Ästhetik sind es die Tuschmalerei und die Gedichtform des Haiku, die in geistiger Verwandtschaft hierzu stehen. Dōgen hat auch Anweisungen zur Meditation (*zazen*) gegeben:

> Wenn du die Erleuchtung zu erlangen wünschst, so übe eilends Zazen. Für das Zazen ist ein stilles Zimmer gut, Speise und Trank seien mäßig. Wirf alle Bindungen von dir, beruhige die zehntausend Dinge, denk nicht an Gut und Böse, urteile nicht über richtig und falsch, halte den Lauf des Bewußtseins an, mach die Tätigkeit des Wünschens, Vorstellens, Urteilens aufhören, sinne nicht darauf, ein Buddha zu werden!
>
> Beim rechten Hocken breitet man ein dichtes Kissen aus, darauf legt man noch ein (rundes) Kissen. Nun hockt man hin im ganzen oder halben Verschränkungssitz. Beim sogenannten ganzen Verschränkungssitz legt man zunächst den rechten Fuß auf den linken Oberschenkel, den linken Fuß läßt man auf dem rechten Oberschenkel ruhen. Beim halben Verschränkungssitz liegt nur der linke Fuß auf dem rechten Oberschenkel. Kleider und Gürtel seien locker angelegt und gleichmäßig geordnet. Die rechte Hand legt man auf den linken Fuß, der linke Handrücken ruht auf der rechten Handfläche, beide Daumen sind gegeneinander gestützt.
>
> Man hocke mit aufrechtem Körper, ohne nach links oder rechts zu neigen, oder sich nach vorn zu beugen oder nach rückwärts zu recken. Ohr und Schulter, Nase und Nabel müssen einander gegenüberstehen. Die Zunge liegt am oberen Gaumen an, Lippen

und Zähne sind geschlossen, aber stets müssen die Augen geöffnet sein.
Schon ist die Körperhaltung bestimmt, nun regle die Atmung. Wenn ein Wunsch aufsteigt, merke ihn, wenn du ihn gemerkt hast, lass ihn fahren! Indem du lange übst, vergissest du alle Bindungen und gelangst von selbst zur Sammlung. Das ist die Kunst des Zazen. Das Zazen ist das Dharmator der großen Ruhe und Freude. (Zitiert nach Heinrich Dumoulin, Zen. Geschichte und Gestalt, Bern 1959, S. 163–164)

Aus der Tradition der Chan/Zen-Schulen stammen Sentenzen, die wir als überlieferungskritisch und aufbegehrend bezeichnen würden und die uns bei einem Konfuzianer ganz unwahrscheinlich vorkommen müssen, etwa wenn es bei Yixuan († 866), einem Mönch der Linji-Schule, der im Westen der heutigen Provinz Hebei wirkte, heißt:

Innen wie außen, töte alles, was dir in den Weg tritt. Wenn dir Buddha in den Weg kommt, töte Buddha, wenn die Patriarchen dir im Weg sind, töte sie, wenn die Arhats dir in den Weg kommen, töte sie, wenn dir dein Vater oder deine Mutter in den Weg kommen, töte auch sie.

Nichts sollte einen beeindrucken oder aus der Fassung bringen können, und was als Abstumpfung erscheinen könnte, führte vermeintlich oder tatsächlich zur Erleuchtung. Doch auch Einsicht hatte ihre Tücken, worauf etwa der Vers im 16. Beispiel des *Wumenguan* hinweist:

Ist Verständnis da, so bilden alle eine Einheit; hört Verständnis auf, so zerfallen alle in viele einzelne Individuen.
Ist kein Verständnis da, so bilden alle eine Einheit; stellt sich Verständnis ein, so zerfallen alle in viele einzelne Individuen. (Übersetzung W. Liebenthal)

Solche Sätze sind oft von vornherein auf Mehrdeutigkeit angelegt, ein Merkmal aller Weisheitsprüche und sogenannter «öffentlicher Fälle» (*gong'an*, jap.: *kōan*), und so lassen sich auch im vorliegenden Fall ganz andere Übersetzungen dieses Verses vorlegen.

In Japan fiel die Zen-Lehre auf fruchtbaren Boden, wo sie sich unter dem Einfluß autochthoner Traditionen des Shintō (wörtl.: «Weg der Götter»), inbesondere der Vergänglichkeitsvorstellung, weiterentwickeln konnte und wo sie unter den feudalen Herrschaftsverhältnissen besonders günstige Aufnahme fand. Auch in späteren Jahrhunderten gab es zahlreiche bedeutende japanische Zen-Meister, etwa Hakuin (1686–1769), der viel Kluges auch zu den Beschwerlichkeiten jeder konsequenten Kontemplation gesagt hat und der sogar einmal von «Zen-Krankheit» sprach. Die Dichtung sowie sämtliche Künste Japans sind nicht zu verstehen ohne den starken Einfluß der Meditationsschulen.

3. Die Künste und die Sinne

Stūpa, Abbildungen und Skulpturen Buddhas

Der Buddhismus erscheint uns heute aufs engste mit Kunstwerken verbunden, und doch wissen wir, daß Buddha zunächst nicht dargestellt wurde und buddhistische Kunstwerke erst aus der Zeit mehrerer Jahrhunderte nach Buddhas Aufstieg in das Nirvāṇa überliefert sind. Von manchen Kunstwerken, wie den Bildhauereien am großen Tor von Sāñchī oder den Wandmalereien in den Höhlengrotten von Ajantā, ist überdies unklar, ob die Künstler selbst Buddhisten waren. Die ersten wichtigsten Denkmale und Orte künstlerischer Gestaltung waren jedenfalls die als Reliquienaufbewahrungsorte gedachten Stūpas, die auf eine Anweisung des historischen Buddha zurückgehen sollen, deren älteste wir aber erst aus der Zeit des Königs Aśoka kennen. Dieser soll dann, einer Legende zufolge, 84000 solcher Stūpas in seinem ganzen Herrschaftsgebiet verteilt errichtet haben.

Die ältesten Abbildungen Buddhas sind aus dem 1. Jahrhundert n. Chr. Die größte Zahl der frühesten Buddhaskulpturen stammt aus Gandhāra (südliches Afghanistan und Pakistan), wo unter dem Einfluß griechischer Bildhauertraditionen, die dort seit der Besetzung jener Gegend durch Alexander den Großen gepflegt wurden, Kultbilder hergestellt wurden. Von dort verbreiteten sich die Darstellungsformen nach ganz Ost- und

Südasien, wo sie weiterentwickelt und erheblich variiert wurden. Die Buddhabilder und später auch Abbildungen von Bodhisattvas ebenso wie von Gottheiten und Heiligen wurden Gegenstand der Verehrung, und die Erzählungen aus den Jātaka und den Sūtras wurden in Wandmalereien dargestellt, die an einigen Orten in besonders reichhaltiger Form erhalten geblieben sind, wie etwa in Höhlentempeln in Dunhuang, einer chinesischen Oase entlang der Seidenstraße. Die dort erhaltenen 492 Höhlentempel, die erst im 20. Jahrhundert in den Blick der wissenschaftlichen Öffentlichkeit gerückt sind, repräsentieren künstlerische und religiöse Anstrengungen aus der Zeit zwischen dem 4. und dem 14. Jahrhundert n. Chr. und sind in ihrer Bedeutung denjenigen von Ajantā an die Seite zu stellen. Zuerst war es die dort aufbewahrte Bibliothek mit buddhistischen und sonstigen literarischen Texten, aber auch solchen aus der Verwaltungspraxis, die zumeist in chinesischer Sprache verfaßt sind, welche das Interesse weckte. Inzwischen wird aber der Auswertung wie der Erhaltung der Wandmalereien ebenso große Aufmerksamkeit zuteil, zumal jährlich nahezu eine halbe Million Besucher zu diesen Zeugnissen buddhistischer Frömmigkeitspraxis und herrscherlicher Selbstdarstellung von höchster künstlerischer Faszinationskraft strömen.

Zen-Kunst

Eine ganz eigene Beziehung zur bildenden Kunst hat sich im Zen etabliert, in den Tempelanlagen und den Steingärten, vor allem aber auf dem Gebiet der Tuschmalerei. Daher kann man geradezu von Kunstwerken des Zen sprechen, von denen Helmut Brinker sagt, daß sie «vom Betrachter wie kaum eine andere Kunstgattung stilles, geduldiges Sichversenken, gesammeltes reines Lauschen auf die schweigende Aussage» verlangen. Dabei war Zen-Malerei weder ausschließlich etwas für Mönche noch für spezielle Künstler, sondern in China waren es Literaten, welche Werke im Geiste des Zen schufen. Die Werke sind das Ergebnis und der Vorgriff zugleich eines geistigen Prozesses, die Gewinnung einer mystischen Vereinigung. In den Worten eines Zen-Meisters:

> Bevor einer Zen studiert, sind ihm Berge Berge und Gewässer sind Gewässer. Wenn er aber eine Einsicht in die Wahrheit des Zen bekommt durch die von einem guten Meister erteilte Belehrung, dann sind ihm Berge nicht mehr Berge und Gewässer keine Gewässer; aber nachmals, wenn er wirklich zum Orte der Ruhe gelangt ist, so sind ihm Berge wieder Berge und Gewässer Gewässer. (zitiert nach H. Brinker, Zen in der Kunst des Malens, 1985, S. 19)

Die Überwindung der Dualität von Subjekt und Objekt, der Gegensätze überhaupt, ereignet sich im Schaffensprozeß selbst, dessen Resultat dann Auskunft gibt über den Vorgang. Und tatsächlich läßt das Malen mit Tusche keine Korrektur, keine Übermalung zu, sondern der Atem, die Bewegung des Künstlers manifestieren sich im Bild. Für die Bambusmalerei hat dies D. T. Suzuki folgendermaßen formuliert:

> Zum Bambus zu werden und dann zu vergessen, daß man eins mit ihm ist, während man malt – das ist das Zen des Bambus, das heißt im ‹Lebensrhythmus des Sinnes› sich bewegen, der im Bambus ebenso wie im Künstler selber atmet.

Die Charakteristika der Zen-Kunst hat Shin'ichi Hisamatsu in den folgenden sieben Eigenschaften zusammengefaßt: Asymmetrie, Schlichtheit, schmucklose Erhabenheit, Natürlichkeit und Selbstverständlichkeit, abgründige Tiefe, Losgelöstheit und Unweltlichkeit sowie innere Ruhe und Ausgeglichenheit.

V. Buddhismus und Moderne

1. Buddhismus und Gesellschaft

Zeitgebundenheit und Geschlechterrollen

Auch wenn der Buddhismus zu Recht als männlich geprägte Lehre bezeichnet wird, soll doch, der Legende zufolge, bereits Gautama seine Tante Mahāprajāpatī in seinen Orden aufgenommen haben, nachdem er zunächst Frauen den Zugang verwehrt hatte. Frauen wurde also bereits sehr früh der Nonnenstand eröffnet, auch wenn sich ihr nachrangiger Status dadurch nicht wirklich veränderte. Fünf Jahre nach der Erleuchtung des Buddha erlaubte dieser einer Gruppe von Frauen, seine Lehre im hauslosen Leben verwirklichen zu können. Seither ist die Laufbahn einer Nonne der eines Mönches ähnlich. Jedoch wird Mädchen unter 20 Jahren und Frauen, die länger als 12 Jahre verheiratet sind, eine zweijährige Bewährungsfrist auferlegt. Vor allem aber stellen strenge Bestimmungen die Nonnen in völlige Abhängigkeit von den Mönchen. Ihnen muß sich die Nonne regelmäßig vorstellen, um Unterweisung zu empfangen, und eine Nonne kann ihrerseits weder einen Mönch unterweisen noch ihn tadeln. Andererseits darf ein Mönch mit einer Frau nicht allein sein, und von einer Nonne, mit der er nicht verwandt ist, darf er weder Nahrung noch Kleidung annehmen. Auch ist anzumerken, daß in Indien Nonnenorden nur kurze Zeit Bestand hatten. Erst in neuerer Zeit gibt es in den Ländern des Theravāda Anstrengungen zur Zulassung der Frauenordination.

Alles spricht dafür, daß gleichgeschlechtliche Beziehungen in den Klöstern Tibets und Ostasiens, gewiß in unterschiedlicher Intensität, trotz prinzipieller Verurteilung von Homosexualität üblich waren. Dies ist insbesondere durch Berichte aus Japan bezeugt. Jedoch muß man berücksichtigens, daß der Vorwurf klösterlicher Unzucht seit alters zur Rhetorik antibuddhistischer Polemik gehörte. Ganz allgemein gilt für das Verhältnis zur Sexualität, was auch für andere Verbotsbereiche zutrifft: Insbesondere in den Traditionen des Großen Fahrzeugs gab es neben den absolut geltenden Richtlinien die übliche Praxis der Relativierung bis hin zur Gleichsetzung von *samsāra* und *nirvāṇa*. Dies galt für Weingenuß ebenso wir für das Töten von Lebewesen und das Verzehren von Fleisch, und im japanischen Buddhismus etwa war selbst die Ehe nicht hinderlich, wenn sie einen nur nicht in die Leidenschaften verstrickte, was zu unterbinden durch die Anwendung bestimmter geistiger Techniken möglich war.

Rituale und Feste

Die Regelungsdichte folgte auch im Mahāyāna den alten Vorschriften, doch blieb sie andererseits wieder so allgemein, daß sich in der Praxis vieles entwickeln konnte. Im Vordergrund stand die innere Haltung des Einzelnen, des Mönches wie des Laien, und nicht die förmliche Befolgung einer Regel. Bezeichnend ist auch, daß in einem apokryphen Text, im chinesischen *Brahmanetz-Sūtra*, die Zahl der Regeln von 250 auf 58 reduziert wird. Die wichtigsten Vorschriften sind, nicht zu töten, nicht zu stehlen, sich keinen sexuellen Ausschweifungen hinzugeben, nicht zu lügen, keinen Alkohol zu trinken, nicht über die Fehler anderer zu sprechen, sich nicht auf Kosten anderer selbst zu preisen, andere nicht zu schmähen, andere nicht zu beneiden und nicht schlecht von den Drei Kleinodien zu reden. Doch durch Reue und Verdienste anderer sind Übertretungen wieder zu kompensieren, was nicht nur vielen Anhängern Hoffnung gab, sondern zugleich der Grund für ein nicht selten zügelloses Leben der Mönche war. Zu den spezifisch neueren Vorschriften zählten die «Bodhisattva-Vorschriften» (chin.: *pusajie*). Natürlich verbanden sich die buddhistischen Riten und Vorstellungen in jeweils besonderer Art mit den einheimischen Traditionen. So zeigt sich die Konfuzianisierung des Buddhismus und eine Buddhisierung der chinesischen Gesellschaft auch daran, daß die Mönche sich zunehmend nicht mehr, wie es eigentlich Vorschrift war, nach ihrem Tode verbrennen, sondern beerdigen ließen, während bei den Laien die Feuerbestattung an Popularität gewann.

Das in China häufig gefeierte Fastenfest (*zhai* oder *hui*), dessen Ursprung manche in der Bekenntnisversammlung (*uposatha*) der indischen Buddhisten sehen, die ihrerseits wohl einem alten vedischen Mondfest entstammt, beerbte die Tradition der alten Gemeindefeste zu Ehren des Erdgottes. Feste wurden gerade auch im Zuge der Säkularisation zu Ereignissen, die Aufmerksamkeit der Bevölkerung für Rituale zu gewinnen, wie in Japan die regelmäßig wiederkehrenden Tempelfeste zu bestimmten Anlässen. Ritualisiert aber und geregelt bleibt der Weg des Mönches ebenso wie der des Laien. Bei der Einführung in eine der tibetischen Schulen gehört es mit zum Ritual, in den ersten drei Monaten des Tempelaufenthaltes 111 000 Niederwerfungen zu vollziehen. Zumeist ist der Tag von den frühesten Morgenstunden an bis in den späten Abend minutiös aufgeteilt und geregelt und mit Mantras, Gebeten, Lektüre und Versenkungsübungen ausgefüllt. Mit den Ritualen einher geht in aller Regel die Wiederholung. Auch die tibetischen Gebetsmühlen dienen diesem Zweck, und die Beschriftung von Fahnen und Bannern, von Lampions oder Flächen in der Landschaft mit Gebetsformeln fordern zum Nachsprechen auf. Daher führte die massenhafte Verbreitung von Texten zur frühen Entwicklung des Holzplattendrucks und des daraus entwickelten Buchdrucks in Ostasien, und heute findet sich gelegentlich der Hinweis, durch vielfältige Verbreitung einzelner Gebete und Anleitungen im Internet Verdienste erwerben und sein Karma verbessern zu können. Dabei können die Gebete der Abwehr von Unheil dienen, sind zumeist aber auf Versenkung und Heilsersuchen gerichtet, wenn etwa Buddha Amitābha angerufen wird.

2. Erneuerungsbewegungen in der Neuzeit

Frühneuzeitliche Reformbewegungen

Das ganze zweite nachchristliche Jahrtausend hindurch blieb der Buddhismus ein wichtiger kultureller Faktor in Asien, wurde aber in den einzelnen Ländern auf sehr verschiedene Weise in die politischen und gesellschaftlichen Veränderungen eingebunden. Gelegentlich verband sich der Buddhismus mit Aufstandsbewegungen, und manche davon, insbesondere solche, bei denen die Erwartung einer Wiedergeburt im Reinen Land im Mittelpunkt der Verheißung stand, traten auch nach außen hin mit buddhistischen Heilsversprechen auf den Plan. Die stärkere Einbeziehung der buddhistischen Länder Asiens in den Welthandel und die internationalen Beziehungen seit dem 17. Jahrhundert blieben nicht ohne Folge für das Selbstverständnis der einzelnen buddhistischen Gemeinden. Kaum eine der neuen Ideologien und philosophischen Weltdeutungsversuche blieb ohne Wirkung. Natürlich spielten die christlichen Missionare eine besondere Rolle, die sich gelegentlich gegen die Buddhisten stellten. Allerdings war deren Einfluß abhängig von dem Charakter der bereits bestehenden Bildungsinstitutionen. Die Konfrontation mit dem Westen führte aber auch zu einer vielfältigen Erneuerung des Buddhismus. Man hat daher die seit dem 19. Jahrhundert zu beobachtenden Bestrebungen zur Erneuerung und Modernisierung der buddhistischen Traditionen und Religionsgemeinschaften in Asien auch als «buddhistische Erneuerungsbewegung» oder «buddhistische Renaissance» und in letzter Zeit auch als «buddhistischen Modernismus» (Heinz Bechert) bezeichnet, eine Benennung, der sich viele angeschlossen haben.

Die politischen und gesellschaftlichen Veränderungen bewirkten in den einzelnen buddhistischen Ländern in unterschiedlicher Weise den Verlust von Privilegien. In China führte der Druck der Regierungspolitik und die Rivalität mit den christlichen Missionen im Jahre 1929 zur Gründung einer nationalen buddhistischen Vereinigung unter dem Abt Taixu (1899–1947). Die politische Neuordnung Ostasiens nach dem Zweiten Weltkrieg hatte Auswirkungen auf den Buddhismus in den einzelnen Ländern. So wurde in der Volksrepublik (seit 1949) der Buddhismus sehr eingeschränkt, besonders während der Kulturrevolution (1967–1976), während in Taiwan, wo das Mönchswesen von der dortigen Buddhistischen Gesellschaft dominiert wurde, der Buddhismus zwar offiziell anerkannt, aber doch in vielerlei interne Konflikte verstrickt war. In der Volksrepublik kam es erst nach 1979 zu einer Renaissance des Buddhismus, verbunden mit einem erheblichen Zulauf an jungen Mönchen und Nonnen und mit verstärkten Anstrengungen zur Renovierung und Erhaltung der zahlreichen Tempel- und Klosteranlagen.

In Japan nahm die Entwicklung einen besonderen Verlauf. Dies hängt auch damit zusammen, daß sich nach der Ausbildung verschiedener Schulen im 9. Jahrhundert das System eines esoterischen Buddhismus herausgebildet hatte, das als «den Staat beschützend» angesehen wurde und auch tatsächlich so fungierte. Später hatten sich mit großer Anhängerschaft Lehren wie die des Tendai-Mönches Nichiren (1222–1282) herausgebildet, der im 13. Jahrhundert von einem Schüler zum ewigen Buddha erklärt wurde, demgegenüber der historische Buddha nur ein Vorläufer gewesen sei. Der Gestalt des Nichiren kommt deswegen eine so zentrale Rolle zu, weil er als die Erfüllung von im *Lotos-Sūtra* gemachten Prophezeiungen gilt, das daher auch zum zentralen Text der gesamten Bewegung wurde. An diese «Wahre Schule des Nichiren» (Nichiren Shōshū) anknüpfend, gründete im Jahre 1930 der Erziehungsreformer Makiguchi Tsunesaburō (1871–1944) eine Laienorganisation Sōka gakkai («Wertschöpfungsgesellschaft») mit bestimmten wertbezogenen Erziehungszielen, die vor allem in Japan, inzwischen aber auch weltweit agiert. Einer der wesentlichen Antriebe war der bereits bei Nichiren zu findende Glaube, die Endzeit (*mappō*) sei angebrochen. Nach Jahren der Verfolgung hatte der Schüler Makiguchis Toda Jōsei (1900–1958) die Gesellschaft neu aufgebaut, die unter ihrem dritten Präsidenten, Ikeda Daisaku, zu einer der größten buddhistischen Laienorganisationen überhaupt wurde. Im Mittelpunkt der Lehre steht das Handeln in der Gegenwart im Sinne eines sozial, politisch und kulturell verantwortlichen Wirkens mit dem Ziel der Erhaltung des Weltfriedens.

Im Westen wird seit einigen Jahrzehnten mit dem Buddhismus in besonderem Maße Tibet in Verbindung gebracht. Dies hat nicht zuletzt seinen Grund darin, daß seit der Besetzung durch die Volksrepublik China im Jahre 1959 Tausende von Tibetern, einschließlich des Dalai Lama, ins Exil gegangen sind und Zuflucht in Indien, Nordamerika und Europa gefunden haben. Dies hat auch dazu geführt, daß gerade in Europa die anderen buddhistischen Bewegungen Asiens in geringerem Maße wahrgenommen wurden. Die Geschichte des Buddhismus und seines Erfolges war immer auch die Geschichte der gesellschaftlichen Praxis und der Auseinandersetzung mit den sozialen und politischen Verhältnissen. So gesehen kann eigentlich keine Berufung auf die Lehre Buddhas die Neubesinnung der Buddhisten in den Gesellschaften Ostasiens einfach ignorieren. Denn nur so kann auch das Mitleiden stattfinden, das zuzulassen der Ausgangspunkt der Lehrtätigkeit des historischen Buddha war.

3. Buddhismus in der westlichen Welt

Frühe Rezeption des Buddhismus

Nach einer bereits mit der Chinamission des Jesuitenordens im 17. Jahrhundert einsetzenden Rezeption des Buddhismus im Westen, die allerdings zunächst eher von Projektionen und Mißverständnissen geprägt war, kam es im 19. Jahrhundert zu einem intensiveren Austausch, wobei Arthur Schopenhauer (1788–1860), der in den Lehren des Buddhismus eine Bestätigung seiner eigenen Anschauungen sah, als Wegbereiter wirkte. Gegen dessen pessimistische Sicht wandten sich bald vor allem jene, die Zugang zu den Originalquellen hatten, aber auch eine neue Generation von Buddhismusanhängern, die sich in der zweiten Hälfte des 19. Jahrhunderts international zu organisieren begann.

Von solchen Organisationen ist zunächst die von Helena P. Blavatsky (1831–1891) und Henry Steel Olcott (1832–1907) im Jahre 1875 in New York gegründete «Theosophische Gesellschaft» (Theosophical Society) zu nennen, die sich bald auch in Deutschland (1884) und in Österreich (1897) etablierte. Die Gründer dieser Bewegung sahen im ursprünglichen Buddhismus die Quelle aller Religionen, eine Überzeugung, die in jener Zeit weite Verbreitung fand. Während diese Vertreter sich weitgehend auf tibetische und chinesische, zum Teil auch auf pseudo-buddhistische Texte stützten, wurde in der Folgezeit der sogenannten südlichen Überlieferung und dessen Pāli-Texten größere Aufmerksamkeit zuteil. Hierzu trug die 1881 von Thomas

William Rhys Davids in London gegründete «Pali Text Society» bei, dann aber auch das epochemachende Werk Hermann Oldenbergs «Buddha. Sein Leben, seine Lehre, seine Gemeinde» (1881). Den Beginn einer buddhistischen Bewegung in Deutschland markiert der von Friedrich Zimmermann (1851–1917) unter dem Namen Subhadra Bhikshu im Jahre 1888 publizierte «Buddhistische Katechismus», der auf Pāli-Quellen basierte und in mehrere europäische und asiatische Sprachen übersetzt wurde.

Zahlreiche Werke, von denen hier nur die Übersetzung der Reden Buddhas von Karl Eugen Neumann (1865–1915) genannt sei, sowie neue Gesellschaften erweiterten die buddhistischen Aktivitäten in einzelnen europäischen Ländern, aber auch international. Literarisch fand der Buddhismus vielfältige Aufnahme. Das bekannteste Beispiel ist wohl Hermann Hesse und sein Werk «Siddhārtha. Eine indische Dichtung» von 1922, zu der Vorstudien mehr als 15 Jahre zurückreichen. Ein nennenswertes Interesse für Spielarten des Mahāyāna- und des Vajrayāṇa-Buddhismus erwachte seit den 50er Jahren in Westdeutschland, angestoßen durch den von Lama Anāgārika Govinda (1898–1985, als Ernst Lothar Hoffmann in Waldheim/Sachsen geboren) im November 1952 im indischen Sāñchī gegründeten Orden «Ārya Maitreya Maṇḍala». Eine besondere Rolle spielte der tibetische Buddhismus, dem sich etwa auch der erwähnte Lama Govinda nach ursprünglichen Studien der hīnayānistischen Tradition bereits 1931 zugewandt hatte. Aus dieser Erfahrung im Studium des Mahāyāna- und des Vajrayāṇa-Buddhismus hatte er 1956 sein Hauptwerk «Die Grundlagen der tibetischen Mystik» verfaßt, das zu einem Bestseller wurde.

Dem Verlangen vieler Europäer nach spiritueller Weisheit entsprechend, entstanden in der zweiten Hälfte des 20. Jahrhunderts viele neue Schulungszentren, darunter manche in landschaftlich besonders reizvoller Umgebung wie der Karmapa-Tempel der Karma-Kagyü-Schule in der Auvergne im Herzen Frankreichs oder unweit Hamburgs in der Lüneburger Heide. Diese Karma-Kagyü-Schule kennt eine über 800jährige Tradition der Inkarnationen des Karmapa, der spirituellen

Autorität dieser Schule. Der gegenwärtige Karmapa ist der 17. Karmapa Trinlay Thaye Dorje. Im Jahre 2004 unterhielt diese Schule 642 Zentren und Klöster in 51 Ländern.

Meditation und Zen im Westen

Die gleiche Popularität erfuhr der Chan-Buddhismus (jap.: Zen), der nicht zuletzt über Japan in den westlichen Ländern Einzug hielt. Dabei spielten einzelne Werke eine besondere Rolle, wie Eugen Herrigels Schrift «Zen in der Kunst des Bogenschießens» von 1948. Vorübergehend größere Beachtung fand eine Gruppierung, die durch Anstöße aus der ganz auf Laienanhängerschaft setzenden japanischen Jōdo-Shinshū-Bewegung (Wahre Schule des Reinen Landes) ins Leben gerufen wurde, einer von Shinran Shōnin im 13. Jahrhundert gegründeten Schule, bei der die Verehrung des Buddha Amitābha (jap.: Amida) im Vordergrund steht.

Der Meditationsbuddhismus fand in den sechziger Jahren des 20. Jahrhunderts eine weitere Verbreitung, angeregt und begünstigt durch die psychologische und kulturwissenschaftliche Interpretation Daisetz Teitarō Suzukis (1870–1966). Dies war eine Bewegung, die von manchen verächtlich als Zen-Snobismus oder Zen-Psychologisierung apostrophiert wurde. Doch neben der geschichtlichen Beschäftigung mit dem Meditationsbuddhismus, wofür etwa der durch die japanische Auslegungstradition geprägte Jesuitenpater Heinrich Dumoulin (1905–1995) steht, gab es religiös und erkenntnispraktisch orientierte Vermittler wie Hugo Makibi Enomiya-Lasalle (1898–1990) und Karlfried Graf von Dürckheim (1896–1989). Zu richtiger Mode wurde «Zen» in den Vereinigten Staaten von Amerika und dort vor allem an dessen Westküste, von wo einzelne Impulse nach Europa ausstrahlten. Der Meditationspraxis blieb trotz vielfältiger modischer Schwankungen ein nachhaltiges Interesse erhalten.

Bei den meisten aber, die sich dem Buddhismus zuwandten, war eine bereits im frühen 19. Jahrhundert bei manchen europäischen Intellektuellen spürbare Abkehr von der westlichen Zivilisation, das Unbehagen an den Begleiterscheinungen der Modernisierung, gelegentlich auch das Hadern mit dem Christentum das wichtigste Motiv. Dies gilt auch für viele, die sich wissenschaftlich mit dem Buddhismus auseinandersetzten, wie etwa für Edward Conze (1904–1979), der seine vielgerühmte Darstellung des Buddhismus vor mehr als einem halben Jahrhundert mit dem Satz beschloß:

> Je deutlicher der Bankrott unserer Zivilisation sich offenbart, desto mehr werden sich auch Europäer nach der Weisheit der Vergangenheit sehnen, manche von ihnen nach der besonderen Form, die der Buddhismus entwickelt hat. Wann und wo zuerst Europäer die gelbe Robe anlegen werden, müssen wir abwarten.

Inzwischen hat sich manches geklärt, und Europäer haben längst die gelbe Robe angelegt. Doch es bleibt die Frage, wie wir heute auf die Herausforderungen einer Lehre reagieren, die als aristokratische Rückzugs- und Protestbewegung begann, die dann aber auf fast alle denkbaren gesellschaftlichen Konstellationen reagiert hat, ohne sich im Kern zu diskreditieren. Dabei hat sich gezeigt, daß neben dem Mönchsstand die Laienanhängerschaft in nahezu allen Stationen die für den Fortbestand der Lehre entscheidende gesellschaftliche Gruppierung war.

4. Laienbuddhismus

Die fünf Gebote

Der Laienstand war seit der Frühzeit ein Element des Buddhismus, und er wurde zeitweise fast wichtiger als der Mönchsweg selbst. Von dem Laienanhänger wird, wie dargestellt, die Einhaltung von fünf Sittenregeln (*pañcaśīla*) erwartet. Er verpflichtet sich, nicht zu töten, nicht zu stehlen, keine geschlechtlichen Ausschweifungen zu suchen, nicht zu lügen und keine Rauschmittel zu sich zu nehmen. An bestimmten Festtagen wie den Uposatha-Feiern erlegt sich der Laienanhänger weitere Einschränkungen auf. Im Mahāyāna trat mit dem Bodhisattva-Ideal eine Änderung des Verhältnisses zwischen Mönchsgemeinde und Laienanhängern ein. Die Anforderungen der Gebote für Laien führten zu teilweise überraschenden Formen der Wohltätigkeit. So kam es vor, daß Laien Tiere, die geschlachtet werden sollten, aufkauften, um sie vor dem gewaltsamen Tod zu bewahren. Zeitweise gab es auch den Brauch, gefangene Fische, die allerdings vorher speziell für diesen Zweck gefangen wurden, wieder freizukaufen.

Seit den Anfängen des Buddhismus haben die Laienanhänger also nicht nur die Rolle der Unterstützer des Mönchswesens gespielt, sondern der Laienstand ist früh schon zu einem eigenen Heilsweg geworden. Als wichtigste Spender schufen sie sich gelegentlich selbst Widersacher außerhalb der buddhistischen Anhängerschaft, insbesondere wenn der wachsende Reichtum einzelner Klöster ein Stein des Anstoßes wurde, was zu heftigsten Verfolgungen geführt hat. Immer wieder aber haben sich nicht nur Einzelne, sondern eine große Zahl von Menschen dem Buddhismus angeschlossen, nicht selten in Bekehrungszeremonien, bei denen kollektive Gelöbnisse abgelegt wurden. Gerade wegen der Fähigkeit zur Mobilisierung von Massen haben sich solche Laienbewegungen regelmäßig dem Verdacht der Subversion ausgesetzt. Wir finden Laienbewegungen im ausgehenden ersten Jahrtausend in China und im mittelalterlichen Japan ebenso wie dann in besonderer Ausprägung in Thailand, auch wenn dort, im Gegensatz zu den mahāyānistischen Traditionen in China und Japan, dem Laien das Erreichen des Nirvāṇa nicht zugestanden wird. Immerhin aber gibt es auch dort die Versprechung für einen wohltätigen Laien, beim Wiedererscheinen des Buddha Maitreya selbst in menschlicher Gestalt wiedergeboren zu werden und dann in dessen Gefolgschaft als Mönch den Weg ins Nirvāṇa antreten zu können. Über solche Verheißungen an seine Anhänger, aber auch durch engste Verknüpfungen mit weltlicher Herrschaft, hat der Buddhismus in sämtlichen Sphären gewirkt, im kulturellen und künstlerischen Bereich ebenso wie im Bereich der Politik und der Sozialfürsorge.

Die kulturelle Bedeutung des Laienstandes

Am wichtigsten war aber die kulturelle Bedeutung des Laienstandes, bot er doch dem Einzelnen die Möglichkeit, die Rolle des Familienvaters oder der Gattin mit der Heilssuche zu verbinden. Dabei wurde in China die Bezeichung für den männlichen Laien, *jushi*, in Verbindung gebracht mit der Bezeichnung für den Einsiedler und den Zurückgezogenen. Und tatsächlich hatten die Rückzugstendenzen in der chinesischen Oberschicht im chinesischen Mittelalter während der Zeit der Reichsteilungen einen starken Einfluß auf die Ausbildung des Laienideals im Mahāyāna.

Der Laienstand ermöglichte manchen Gesellschaften überhaupt erst die dauerhafte Akzeptanz für den Buddhismus, dem in seiner monastischen Form häufig der Vorwurf gemacht wurde, er sei «asozial». In der Regel wurde mit dem Laienstand auch der Vegetarismus in Verbindung gebracht. Laienverbände oder Kultvereinigungen, die sich an bestimmte Klöster anschlossen, hat es immer wieder gegeben. Die Geschichte dieser Verbände nachzuvollziehen ist höchst reizvoll, wirft sie doch ein Licht auf die besonderen Verhältnisse in den jeweiligen Gesellschaften. So ist in China die Transformation des Systems ursprünglich unabhängiger Laienverbände in ein staatliches Überwachungs- und Kontrollsystem kennzeichnend für den Prozeß der zunehmenden Bürokratisierung des chinesischen Kaiserreiches nach der ersten Jahrtausendwende. Dennoch lebte der Gedanke der unabhängigen Selbstorganisation fort, der bis in die Gegenwart immer wieder zu größeren Aufstandsbewegungen führte, die gelegentlich Konsequenz staatlicher Verfolgung waren. Zumeist umfaßten diese vereinsähnlichen Gruppen, die später neben religiösen Bedürfnissen gelegentlich auch die Organisation des Grundschulunterrichts wahrnahmen, nicht mehr als 30 oder 40 Mitglieder, von denen einige besondere organisatorische Aufgaben wahrnahmen.

Laienvereinigungen befanden sich auch durchaus nicht immer im Einklang mit dem Klerus und stellten sich gelegentlich sogar in offenen Widerspruch zu diesem, wie dies nicht zuletzt in japanischen Gruppierungen im 20. Jahrhundert vorkam. Dabei ging der Anstoß zum Konflikt nicht unbedingt immer von den Laien aus, sondern gelegentlich auch von den Mönchen, die bei für den Staat besonders unbotmäßigem Verhalten der Laien befürchteten, staatliche Sanktionen könnten sich auch gegen sie selbst richten, und sich deswegen gegen die Laien stellen mußten. Heute, zu Beginn des 21. Jahrhunderts, besteht durch die modernen Kommunikationstechniken die Möglichkeit, daß sich Laien grenzüberschreitend verständigen und zusammenschließen. Es bleibt abzuwarten, in welchem Maße sich Menschen auf dem Weg zur Befreiung dieser neuen Mittel bedienen, ohne selbst durch die Mittel wieder in neue Abhängigkeiten und Illusionen verstrickt zu werden. Die Lehre des Buddha samt den sich daran knüpfenden Traditionen wird in einer sich enger vernetzenden Welt zunehmende Beachtung finden und auf diese Weise zu dem Dialog zwischen den Religionen und ihren Anhängern beitragen.

Literaturhinweise

Allgemeine Darstellungen, historisch

Edward Conze, Der Buddhismus. Stuttgart, 10. Auflage 1995.

Thomas Berry, Buddhism. New York 1996.

Heinz Bechert und Richard Gombrich, Hrsg., Die Welt des Buddhismus. München 1984.

Heinz Bechert u. a., Der Buddhismus I. Der indische Buddhismus und seine Verzweigungen. Stuttgart 2000.

Hermann Oldenberg, Buddha. Sein Leben, seine Lehre, seine Gemeinde. München 1961.

Bernard Faure, Buddhismus. Bergisch-Gladbach: BLT 1998.

Ulrich Schneider, Der Buddhismus. Eine Einführung. Darmstadt, 3. durchges. Auflage 1992.

Donald S. Lopez, Jr., The Story of Buddhism. A Concise Guide to its History and Teachings. San Francisco 2001.

Hans Wolfgang Schumann, Buddhismus: Stifter, Schulen und Systeme. München 2005.

John S. Strong, The experience of Buddhism: Sources and Interpretations. 2. Aufl. Belmont 2002.

Buddha: Sein Leben und seine Lehre

Michael Carrithers, Der Buddha. Eine Einführung. Stuttgart: Reclam 1996.

Helmuth von Glasenapp, Die Weisheit des Buddha. Wiesbaden [1970].

Étienne Lamotte, Histoire du bouddhisme indien, des origins à l'ére Śaka. Louvain 1958. Nachdruck 1976.

Hans-Joachim Klimkeit, Der Buddha: Leben und Lehre. Stuttgart 1990.

Nalinaksha Dutt, Early Monastic Buddhism. Calcutta 1971.

Volker Zotz, Buddha in Selbstzeugnissen und Bilddokumenten. Reinbek 1991.

Einführungen in das buddhistische Denken

Junjirō Takakusu, The Essentials of Buddhist Philosophy. Honolulu 1947; 3. Aufl. 1956.

Erich Frauwallner, Die Philosophie des Buddhismus. 4. Aufl. Berlin 1994.

Claus Oetke. «Ich» und das Ich. Analytische Untersuchungen zur buddhistischen Ātmankontroverse. Stuttgart 1988.

Dieter Schlingloff, Die Religion des Buddhismus, 2 Bde. Berlin 1962 und 1963.

Edward Conze, Buddhistisches Denken. Drei Phasen buddhistischer Philosophie in Indien. Frankfurt am Main 1988.

Tirnpattur R. V. Murti, The Central Philosophy of Buddhism. A Study of the Mādhyamika System. 2nd ed. London 1968.
Tilmann Vetter, Erkenntnisprobleme bei Dharmakīrti. Wien 1964.
Wenchao Li, Buddhistisches Philosophieren. Eine Einführung. Münster 1999.
Volker Zotz, Geschichte der buddhistischen Philosophie. Reinbek 1996.
F. Th. Stcherbatsky, Buddhist Logic. 2 Bde. Leningrad 1930–32.
Uwe Frankenhauser, Die Einführung der buddhistischen Logik in China. Wiesbaden 1996.
Bernhard Weber-Brosamer, Dieter M. Back, Die Philosophie der Leere. Wiesbaden 1997.

Das «Kleine Fahrzeug»:
Buddhismus in Indien, Ceylon, Hinterindien und Südostasien

Richard Gombrich, Gananath Obeyesekere, Buddhism Transformed: Religious Change in Śrī Laṅkā. Princeton 1988.
Richard F. Gombrich, Theravâda Buddhism: A Social History from Ancient Benares to modern Colombo. 2. Aufl. London 2006.
Heinz Bechert, Buddhismus, Staat und Gesellschaft in den Ländern des Theravāda-Buddhismus. Frankfurt 1966; Neuausgabe Göttingen 2000.
Stanley J. Tambiah, World Conqueror and World Renouncer: A Study of Buddhism and Polity in Thailand against a Historical Background. Cambridge 1976.
Moriz Winternitz, A History of Indian Literature, Bd. 2. Calcutta 1933.

Das «Große Fahrzeug»: Zentralasien, China und Japan

Guiseppe Tucci und Walther Heissig, Die Religionen Tibets und der Mongolei. Stuttgart 1970.
Klaus Sagaster, Der Buddhismus bei den Mongolen, in: Walther Heissig, Claudius C. Müller, Hrsg., Die Mongolen. Frankfurt am Main 1989, S. 233–239.
Walther Heissig, Die Religionen der Mongolei, in: G. Tucci und W. Heissig, Die Religionen Tibets und der Mongolei. Stuttgart 1970, S. 293–248.
Alex Wayman, The Buddhist Tantras. Light on Indo-Tibetan Esotericism. London 1973.
Helwig Schmidt-Glintzer, Der Buddhismus im frühen chinesischen Mittelalter und der Wandel in der Lebensführung bei der Gentry im Süden, in: Saeculum 23 (1972), S. 269–294.
Kenneth K. S. Ch'en, Buddhism in China. Princeton, N. J.: Princeton U. P. 1964.
Arthur F. Wright, Buddhism in Chinese History. Stanford 1959.
Die Reisen des Mönchs Ennin. Hrsg. von E. O. Reischauer. Stuttgart 1963.
E. Dale Saunders, Buddhism in Japan. Philadelphia 1964.
Erik Zürcher, The Buddhist Conquest of China. Leiden 1959.
Yifa, The Origins of Buddhist Monastic Codes in China: An annotated Translation and Study of the Chanyuan qinggui. Honolulu 2002.

Neal Donner, Daniel B. Stevenson, The Great Calming and Contenmplation. A Study and Annotated Translation of the First Chapter of Chih-i's Mo-ho chih-kuan. Honolulu 1993.

Chan/Zen-Buddhismus

Heinrich Dumoulin, Zen. Geschichte und Gestalt. Bern 1959.
Michael von Brück, Zen. Geschichte und Praxis. München 2004.
Daisetz Teitaro Suzuki, Zen und die Kultur Japans. Hamburg 1958.
John R. McRae, The Northern School and the Formation of Early Ch'an Buddhism. Honolulu 1986.
Karl-Heinz Golzio, Die makellose Wahrheit erschauen: die Lehre von der höchsten Bewußtheit und absoluten Erkenntnis. Das Lankavatara-Sūtra. Bern 2003.
Philip B. Yampolsky, The Platform Sūtra of the Sixth Patriarch. New York 1967.
Heinrich Dumoulin, Mumonkan. Die Schranke ohne Tor [= Wumenguan]. Mainz 1975.
Wilhelm Gundert, Biyänlu. Meister Yuan-wu's Niederschrift von der Smaragdenen Felswand. 3 Bde. München 1973.
Helmut Brinker, Zen in der Kunst des Malens. München 1985.
Dietrich Seckel, Kunst des Buddhismus. Baden-Baden 1962.
Christian Wittern, Das Leben des Chan-Buddhismus. Bern 1998.

Buddhismus und Gesellschaft

Jacques Gernet, Buddhism in Chinese Society. An Economic history from the fifth to the tenth centuries. New York 1995.
Bernard Faure, The Red Thread. Buddhist Approaches to Sexuality. Princeton, NJ 1998.
Kathryn Ann Tsai, Lives of the Nuns. Biographies of Chinese Buddhist Nuns from the Fourth to Sixth Centuries. Honolulu 1994.
Barbara Ruch, Engendering Faith: Women and Buddhism in Premodern Japan. Ann Arbor 2002.
Holmes Welch, The Practice of Chinese Buddhism 1900–1950. Cambridge, Mass. 1967.
Daniel L. Overmyer, Folk Buddhist Religion. Dissenting Sects in Late Traditional China. Cambridge, Mass. 1976.
Diana Yoshikawa Paul, Die Frau im Buddhismus: Das Bild des Weiblichen in Geschichten und Legenden. Hamburg 1981.
Chün-fang Yü, The Renewal of Buddhism in China. Chu-hung and the Late Ming Synthesis. New York 1981.
Chün-fang Yü, Kuan-yin: The Chinese Transformation of Avalokiteśvara. New York 2001.
Tessa J. Bartholomeusz, Women under the Bō Tree. Buddhist Nuns in Śrī Laṅkā. Cambridge 1994.

Rita M. Groß, Buddhism after Patriarchy: A Feminist History, Analysis, and Reconstruction of Buddhism. Albany 1993.

Buddhismus und moderne Welt

Gotelind Müller, Buddhismus und Moderne. Wiesbaden 1993.
Holmes Welch, The Buddhist Revival in China. Cambridge, Mass. 1968.
Holmes Welch, Buddhism under Mao. Cambridge, Mass. 1972.
Heinrich Dumoulin, John Maraldo, Hrsg., Buddhism in the Modern World. New York 1976.
Don A. Pittman, Toward a Modern Chinese Buddhism. Taixu's Reforms. Honolulu 2001.
Martin Baumann, Deutsche Buddhisten. Geschichte und Gemeinschaften. 2. Aufl. Marburg 1995. (dort auch Literaturhinw. zum Buddhismus in anderen Ländern des Westens)
Hellmuth Hecker, Lebensbilder deutscher Buddhisten – Ein bio-bibliographisches Handbuch, 2 Bde. Konstanz 1990 und 1992.
Detlef Kantowsky, Buddhisten in Indien heute. Konstanz 1999.
Gabriele Goldfuss, Vers un bouddhisme du xxe siècle. Yang Wenhui (1837–1911), réformateur laique et imprimateur. Paris 2001.

Textsammlungen und wichtige Einzeltexte

Max Deeg (Übers.), Das Lotos-Sutra. Darmstadt 2007.
Maria Dorothea Reis-Habito, Die Dhāraṇī des Großen Erbarmens des Bodhisattva Avalokiteśvara mit tausend Händen und Augen. Nettetal 1993.
T. W. Rhys Davids, The Questions of King Milinda. New York 1963.
K. E. Neumann, Die Reden Gotamo Buddhas aus dem Pali-Kanon. Zürich 1956/57.
Jürgen Manshardt, Das Herzsūtra aus dem Tibetischen. Hamburg 1990.
Hendrik Kern, Übers., The Saddharmapuṇḍarīka or the Lotus of the True Law. Oxford 1884.
Charles Luk, Übers., The Vimalakīrti Nirdéśa Sūtra. Berkeley 1972.
Ilse-Lore Gunsser, Reden des Buddha. Mit einer Einleitung von Helmuth von Glasenapp. Stuttgart 2001.

Nachschlagewerke

Lexikon der östlichen Weisheitslehren. Buddhismus, Hinduismus, Taoismus, Zen. Hrsg. von Ingrid Fischer-Schreiber u. a. Bern 1986.
Klaus-Josef Notz, Hrsg., Das Lexikon des Buddhismus. Freiburg im Breisgau 1998.
Robert E. Buswell, Jr., Hrsg., Encyclopedia of Buddhism. New York 2004

Register